JN075310

きほんから
学ぶ！

英検®準2級 合格ハンドブック

Irie Izumi
入江 泉 著

スリーエーネットワーク

Published by 3A Corporation
Trusty Kojimachi Bldg., 2F, 4, Kojimachi 3-Chome, Chiyoda-ku, Tokyo 102-0083, Japan

ISBN978-4-88319-868-9 C0082

First published 2021
Printed in Japan

はじめに

本書は英検準2級に合格するために必要な「きほん」を学びながら、解く力を身につけるためのものです。ここでは、3人の学生が登場します。

これから、この3人と一緒に勉強をして、合格を目指しましょう。

本書では、1次試験・筆記（読む・書く・聞く）と、2次試験・面接（話す）のすべてがバランスよく学べます。英検エキスパートの先生と学生たちの会話を通して各設問の傾向や解き方を楽しく学んだ後、本番形式の問題に挑戦します。

試験対策に限りませんが、英語を学ぶときは、音声をフル活用しましょう。たとえばリスニング問題では音声を聞いて問題を解いて終わりではなく、スクリプトと音声を利用して「音読」することをおすすめします。面接のモデル音声や模範解答の音声も同様です。

みなさんの中に楽器を習っていたり、バンドに入っている人がいれば、録音した自分（たち）の演奏を聴いて研究したことがあるかもしれません。英語も同じように、自分の話した英語を録音して、じっくり聞いてみましょう。最初は恥ずかしいかも知れませんが、モデル音声と違うところを考えて、発音やイントネーションを直していきましょう。

本書を通して、学生たちとともに「英語が分かった！」「合格した！」「次の級もトライしたい！」と思ってもらえたらすごく嬉しいです。

著者　入江　泉

目次

筆記5 －英作文－

リスニング

二次試験－面接－

本書について

本書では、英検準２級に合格するために必要な「基本」を学びながら、解く力を身につけることができます。

【本書の流れ】

以下のように、大問ごとに進めていきます。全体を通して四技能がバランスよく学べます。

筆記１（単熟語・空所補充）　**筆記２（会話・空所補充）**
筆記３（長文・空所補充）　**筆記４（長文・読解）**
筆記５（英作文）　**リスニング**
二次試験（面接）

【本書の構成】

各章では、試験問題の主題形式・傾向・対策を確認した後、Let's TRY ⇒ 練習しよう！　と学習を進めます。

Let's TRY

Let's TRYでは、各大問の特徴的な問題を取り上げ、先生と学生たちの会話形式で丁寧に解説を行います。必要な英文法、解き方、スキルなどを学びましょう。

練習しよう!

練習しよう！　では、本番形式で問題を解いて定着させます。

【その他の特徴】

- 各所で「前置き表現」に触れ、英文の特徴を学びます。また「読む」ことにおいても「聞く」ことにおいても「英文は前から順に理解していく」ことを定着させます。
- 各章には、その章で役に立つ項目も含まれています。隅々までしっかり読みましょう。（例：58ページ 準２級の重要文法）
- リスニングでは「聞く」だけでなく、音読練習の機会も設けています。面接で「話す」練習にもなりますので、しっかりと取り組みましょう。

mp3 音声ダウンロードの方法

リスニング、二次試験（面接）の音声は、以下のURLからダウンロード、ストリーミングでご視聴いただけます。
https://www.3anet.co.jp/np/books/5552/

同じ著者の『１日１枚！英検®準２級　問題プリント』（ISBN: 978-4-88319-806-1　¥1,300＋税）は、本書と同じ構成で、試験前の最終チェックをすることができます。本書と一緒に使うとさらに効果的です。

英検準２級の試験内容

英検準２級の学習を始める前に、試験内容を確認するよ。試験対策をするときは、常に問題の形式、傾向を知ることが大事。英検は過去問が入手できるので、ラッキーよ。

過去問は解いたほうがいいということだね。

そう、それは基本中の基本。でも、傾向は少しずつ変わっているから、昔の問題はダメ。最新の過去問にしてね。まずは、準２級の基本情報を見ていこう。

英検は各級で審査基準が異なります。準２級の審査基準は以下の通りです。

【程度】

日常生活に必要な英語を理解し、また使用することができる。

【審査領域】

読む	日常生活の話題に関する文章を理解することができる。
聞く	日常生活の話題に関する内容を理解することができる。
話す	日常生活の話題についてやりとりすることができる。
書く	日常生活の話題について書くことができる。

英検準２級では、「日常生活」に必要な英語を理解し、使用できることが求められていることが分かりますね。より社会的・科学的な知識や語彙は２級以降で必要になってきます。準２級の文法・語彙レベルは高校中級程度です。

一次試験

筆記（75分）

問題	出題形式		問題数	
1	短文の語句空所補充	文脈に合う適切な語句を補う。	20問	読む
2	会話文の文空所補充	会話文の空所に適切な文や語句を補う。	5問	読む
3	長文の語句空所補充	パッセージの空所に文脈に合う適切な語句を補う。	5問	読む
4	長文の内容一致選択	パッセージの内容に関する質問に答える。	7問	読む
5	英作文	質問に対する回答を英文で書く。	1問	書く

リスニング（約25分・放送はすべて1回）

問題	出題形式		問題数	
第1部	会話の応答文選択	会話の最後の発話に対する応答として最も適切なものを補う。	10問	聞く
第2部	会話の内容一致選択	会話の内容に関する質問に答える。	10問	聞く
第3部	文の内容一致選択	短いパッセージの内容に関する質問に答える。	10問	聞く

二次試験

面接（約6分・問題数は各1問）

出題形式	
音読	50語程度のパッセージを読む。
パッセージについての質問	音読したパッセージの内容についての質問に答える。
イラストについての質問	イラスト中の人物の行動を描写する。
イラストについての質問	イラスト中の人物の状況を説明する。
受験者自身の意見など	カードのトピックに関連した内容についての質問に答える。
受験者自身の意見など	日常生活の身近な事柄についての質問に答える。

話す

満点スコア

筆記１～４：600点…読む　　筆記５（英作文）：600点…書く

リスニング：600点…聞く　　面接：600点…話す

＊以上、2021年2月現在の情報です。

見ての通り、読む、書く、聞く、話す（四技能）の満点スコアがどれも600点です。つまり、四技能をバランスよく習得することが重要だと分かります。本書では、すべての技能を大問ごとに詳しく学んでいきますので、苦手な技能や大問があれば、集中的に学習しましょう。

では、早速、一次試験の筆記１の問題から取り組んでいきましょう。

Reading

筆記 1　短文の語句空所補充（ほじゅう）

筆記1の出題形式

筆記

問題	出題形式		問題数
1	短文の語句空所補充	文脈に合う適切な語句を補う。	20問

筆記1は文脈に合う適切な語句を補う形式の問題です。

問題数：20問

選択肢：4つ

目安となる解答時間：12分

補う語句の種類は次の3つで、各問題数はおよそ以下の通りです。

単語 ⇒ 10問 問(1)～(10)
熟語 ⇒ 7問 問(11)～(17)
文法 ⇒ 3問 問(18)～(20)
} 20問

◆「単語問題」と「熟語問題」は、単語や熟語の意味を知っていれば瞬時に答えが選べます。語彙力が最大のカギとなり、「覚えるしかない！」と言えます。ただし、問題の傾向や解くコツを知っていることはとても大事です。後ほど詳しく見ていきます。

◆「文法問題」は20問中、3問くらいしか出ませんが、適切な文法を知っていることは、読解問題での「読む」、英作文問題での「書く」、リスニング問題での「聞く」、面接での「話す」の四技能すべてにおいて重要なので、準2級レベルの文法をしっかりと学習しましょう。本書ではまず、筆記1で出やすい文法問題に焦点を絞って学習します。その他の重要文法も58～65ページにまとめていますので、確認しましょう。

では、「単語問題」から詳しく見ていきましょう。

単語問題の傾向・対策

Q：選択肢はどんなもの？

A：単語問題では4つの選択肢に同じ品詞の語が並びます。つまり、品詞が分からないから解けない、ということはありません。先に選択肢を見て、たとえば4つとも名詞なら、空所には名詞が入るつもりで英文を読みましょう。

Q：どんな単語を覚えたらいいの？

A：準2級の筆記1で正解を得るためには、筆記1で出やすい単語に絞って覚えることが重要です。読解問題やリスニングなど、筆記1以外も含めて試験全体の語彙の出現頻度を分析して「よく出る」としてしまうと、筆記1では出そうにない単語や、3級レベルの易しい単語が混じってしまうので注意が必要です。

オススメの方法は、最近の3～5回分の過去問を入手し、筆記1の単語問題の正解の単語、誤答の単語をすべて書き出し、それらをしっかりと覚えることです。

Q：単語はどうやって覚えたらいいの？

A：単語を覚える方法はいろいろあります。市販の単語集を利用する人もいれば、単語カードを作って覚える人もいるでしょう。先に述べたように、筆記1に特化した単語を覚えるには単語カードの使用をお勧めします。

すべての単語を例文中やコロケーションにこだわって覚える必要はありません。大事なことは、exhibition⇔展示会、angle⇔角度、chew⇔噛む、のように瞬時に英語と日本語が一致するように、自分に合った方法を選ぶことです。また、単語は目で見る（眺める）だけでなく、書く、口に出すといった「見る」以外の別の作業を加えるとより定着します。

次のページから、単語問題を品詞別に見ていきます。筆記1の単語問題でよく問われる品詞は「動詞」と「名詞」です。それに加えて「形容詞」「副詞」が少しだけ出ます。

動詞の問題

準２級の筆記１で出やすい動詞を覚えましょう。

- □act　行動する、出演する
- □afford　～の余裕がある
- □apologize　謝る
- □attend　～に出席［参加］する
- □complain　文句を言う
- □debate　（～を）討論する
- □destroy　～を破壊する
- □earn　～を稼ぐ
- □export　～を輸出する
- □fail　失敗する
- □greet　～に挨拶をする
- □ignore　～を無視する
- □improve　～を改善する、向上する
- □increase　～を増やす、増える
- □melt　溶ける、～を溶かす
- □mind　～を嫌がる
- □perform　～を演じる、演奏する
- □provide　～を提供する
- □realize　～に気づく、～を悟る
- □search　～を探す、検索する
- □stand　～を我慢する
- □repair　～を修理する
- □trade　売買する
- □weigh　～の重さがある
- □admire　～を称賛する
- □announce　～を告知［発表］する
- □arrange　～を手配する、配置する
- □chew　（歯で）噛む
- □damage　～に被害を与える
- □decrease　～を減らす、減る
- □double　～を二倍にする
- □explore　～を探検する
- □exclude　～を除く
- □forgive　～を許す
- □handle　～を扱う
- □import　～を輸入する
- □include　～を含める
- □injure　～に怪我をさせる
- □memorize　～を暗記する
- □notice　～に気づく
- □protect　～を守る、保護する
- □publish　～を出版［発表］する
- □sail　航海する
- □select　～を選ぶ
- □suggest　～を提案する
- □request　～を求める、依頼する
- □trust　～を信頼［信用］する
- □wonder　～だろうかと思う

では、次のページから実際の動詞の問題を見ていきます。

Let's TRY

ポイント1　空所の前後との意味のつながりを考えよう

A: Did you see Emily (　　　　) in a play at the school festival?
B: Yeah! She played the main character very well.
　1　chew　　2　act　　3　melt　　4　weigh

まずは、選択肢(せんたくし)をざっと見てみよう。共通(きょうつう)しているのは品詞だよ。

選択肢は全部、動詞だね。

そう。動詞を入れる問題だと分かったら、空所の前後との意味のつながりに注意してAの英文を読んでみよう。

「エミリーが劇(げき)で～するのを見た？」という意味かな。play「劇」だから2のact「出演(しゅつえん)する」が合いそうだね。

正解！　空所後のin a playとのつながりでactが選べるね。念のため、Bの英文を読んでごらん。

「彼女(かのじょ)はとても上手に主役を演じた」……あっ！　playとactが同じような意味じゃない？　ここにもヒントがあったんだね。

訳　A「エミリーが文化祭の劇に出演するのを見た？」
B「うん！　彼女はとても上手に主人公を演じたね」
1「噛(か)む」、2「出演する」、3「溶(と)ける」、4「～の重さがある」

（正解　2）

Let's TRY

ポイント2 目的語の後のto不定詞に着目しよう

Scott (　　　　) his wife to stop eating sweets because she has gained weight recently.

1 trusted　2 improved　3 stood　4 advised

空所は主語の直後で選択肢は全部、動詞の過去形、目的語はhis wife？

そう。そしてその後にto stopとあるよね。そのto不定詞を意識しつつ、becauseの前まで読んでみよう。

なるほど。空所には〈目的語（人）＋to不定詞〉が続く動詞が入るということか。ええと、「スコットは妻に甘い物を食べるのをやめるように～した」という文意だから、4のadvised「～に忠告した」が合いそうだ。

正解！　advise O to *do*で「Oに～するよう忠告［助言］する」という意味よ。念のためbecause以下を読んでごらん。

「彼女は最近体重が増えたから」ってことだね。うん、スコットの妻への助言の理由になっている。

空所直後に目的語がある場合、空所には他動詞が入るの。stoodはstandの過去形だけど、他動詞は「～を我慢する」という意味で、この文に合わないね。

訳　「スコットは妻の体重が最近増えたので、彼女に甘い物を食べるのをやめるよう忠告した」

✎それぞれ、1 trust「(後に人がきて）～を信頼する」、2 improve「～を向上させる」（後に人がこない)、3 stand「立つ、～を我慢する」（自動詞）の過去形・過去分詞。

（正解　4）

ステップアップ

〈SVO＋to不定詞〉の形を取る動詞を覚えましょう。空所補充ではto不定詞に気づくことがポイントです。

□advise O to *do*　Oに～するよう忠告［助言］する
□allow O to *do*　Oが～するのを許す、可能にする
□ask O to *do*　Oに～するよう頼む、求める　≒request O to *do*
□enable O to *do*　Oが～するのを可能にする
□encourage O to *do*　Oに～するよう励ます［促す］
□expect O to *do*　Oが～することを予期［期待］する
□invite O to *do*　Oに～するよう誘う［勧める］
□lead O to *do*　Oを～する気にさせる
□order O to *do*　Oに～するよう命じる
□persuade O to *do*　Oに～するよう説得する
□tell O to *do*　Oに～するよう言う
□want O to *do*　Oに～してもらいたい　≒would like O to *do*

〈SV＋to不定詞〉の形をとる動詞や、後に動名詞をとる特徴的な動詞も一緒に覚えましょう。*do*や*do*ingに当たる動詞が空所になることもあります。

□afford to *do*　～する余裕がある
□offer to *do*　～することを申し出る
□fail to *do*　～し損なう、～しない
□keep on *do*ing　～し続ける
□feel like *do*ing　～したい気がする
□spend O *do*ing　～するのにOを使う、費やす
□prevent O from *do*ing　Oが～するのを防ぐ
□prohibit O from *do*ing　Oが～するのを禁止する

例　They **spent** [a lot of time] (**designing**) their team T-shirt.
1 preventing　2 offering　3 guessing　4 designing　←選択肢は -ing 形
「彼らはチームのTシャツをデザインするのに多くの時間を費やした」

Let's TRY

ポイント3 指示語が指す内容を考えよう

The company car was so old that it had to be (　　　　) every few months.

1 traded　　2 explored　　3 injured　　4 repaired

選択肢は全部-ed形だけれど、過去形かなぁ。

前にbeがあるから、過去分詞、受動態の文だよ。主語はitで、「それは～されなければならなかった」という意味ね。このitが指すものが重要なの。so ～ that ...は「とても～なので…だ」という意味だから…

「会社の車はとても古かったので～」という意味だね。ということは、itはThe company carを指すから、repairedを入れて「数ヶ月おきに修理される必要があった」とすれば文意が通るね。答えは4のrepairedだ。

正解！　この問題は主語と動詞のつながりがカギなんだけど、itが指す内容を理解する必要があったね。

so ～ that ... もポイントだよ。「とても古いので修理が必要」という原因と結果を表す因果関係になっているね。

訳　「会社の車はとても古かったので、数ヶ月おきに修理する必要があった」

✎それぞれ、1 trade「～を売買する」、2 explore「～を探検する」、3 injure「～に怪我をさせる」の過去形・過去分詞。

（正解　4）

ステップアップ

so ～ that ...「とても～なので…」のように、筆記1で重要な構文をいくつか見てみましょう。主語と動詞のつながり、動詞と目的語のつながりといった空所前後だけでなく、文全体の意味を決める表現にもなります。

〈因果関係〉

因果関係：原因と結果を表す

□so ～ that ...　とても～なので…
□too ～ to *do*　あまりに～なので、…できない
□Because [Since] A, B.　Aなので、B
□A because [as] B.　Bなので、A
□A, so B.　Aだから、B
□because of A　Aのために、Aが理由で

〈逆接・譲歩〉

逆接：後で異なる内容を示す
譲歩：どちらかを認めたうえで異なる主張をする

□A, but B.　Aだが、B
□Although [While] A, B.　Aだけれども、B

〈目的〉

□to *do* / in order to *do*　～するために
□so that S can　Sが～できるように

例 Sarah (　　　) the lecture [to learn] modern European history.
1 attended　2 provided　3 protected　4 handled
└[学ぶために]という目的に合う動詞はコレ！
「サラは現代ヨーロッパ史[を学ぶために]その講義に出席した」

例 The librarian (　　　) the books alphabetically [so that people can find a book quickly].
1 imported　2 destroyed　3 memorized　4 arranged
└目的語の the books には合うが、so that S can... に合わない！（3）
└コレが正解！（4）
「司書は[人々が本をすばやく見つけられるように]ABC順に本を並べた」

名詞の問題

準2級の筆記1で出やすい名詞を覚えましょう。

□age　年齢
□amount　量、額
□anniversary　記念日
□behavior　振る舞い、行動
□climate　気候
□choice　選択
□cure　治療
□decision　決心、決意
□distance　距離
□energy　エネルギー
□exercise　運動
□expression　表現
□figure　数字
□harvest　収穫
□impression　印象
□knowledge　知識
□liquid　液体
□nephew　おい
□profit　利益
□quantity　量
□silence　沈黙、静けさ
□surface　表面
□technology　（科学）技術
□traffic　交通（量）

□atmosphere　雰囲気
□angle　角度
□author　著者、作家
□childhood　子供時代
□character　性格、登場人物
□condition　状態、状況
□custom　慣習、習慣
□disease　病気
□emergency　緊急事態
□environment　環境
□exhibition　展示会
□explosion　爆発
□harmony　調和
□illness　病気
□instrument　器具
□lawyer　法律家、弁護士
□majority　大多数
□opinion　意見
□quality　質
□security　安全、警備
□shortage　不足
□suggestion　提案
□temperature　気温、温度
□value　価値

では、次のページから名詞の問題を見ていきます。

Let's TRY

ポイント1 前後との意味のつながりから考えよう

Sam is studying art in college. His paintings are very creative and he is planning to hold his first (　　　　) of his works.

1 exhibition　2 knowledge　3 security　4 suggestion

選択肢は全部、名詞だよ。

そう。空所には名詞が入るわね。空所の前後の語句を見てみよう。

hold his first (　　) of his works だから「彼の作品の最初の～を開催する」という意味だね。1のexhibition「展示会」を入れたら文が通りそう。

その通り！　仮に他の選択肢を空所に入れてみて。意味が通らないよね。hold「～を開催する」、first「最初の」、of his works「彼の作品の」に合う名詞はexhibition「展示会」だね。exhibitionを知っていれば空所の前後を見るだけで解けるのよ。

このworksって「作品」という意味なのね。前のpaintings「絵」の言い換えじゃないかしら。

そう！　たとえworksが何かよく分からなくても、前を読んだらartやpaintingsとあるので「作品」のことだと分かるね。

訳　「サムは大学で美術を学んでいる。彼の絵はとても独創的で、彼は初の作品展示会を開く予定だ」
1「展示会」、2「知識」、3「安全、警備」、4「提案」

（正解　1）

Let's TRY

ポイント2 **名詞を説明している部分を読み取ろう**

Students are not happy with the (　　　　) that they cannot bring their smartphones to school.
1 childhood　2 rule　3 shortage　4 figure

空所はare not happy with ～「～に不満だ」の後にあるから、空所にはネガティブな意味の名詞が入りそうだよ。

すごくいいポイントよ、ショー！　文の内容(ないよう)がポジティブかネガティブかをイメージすることは重要なの。ただ、ここでは空所前とうまくつながるだけでは正解は決まらない。空所後のthat以下がカギになるの。

they cannot bring their smartphones to schoolは「生徒は学校にスマホを持ち込(こ)んではいけない」という意味よね。これは2のrule「規則(きそく)」のことじゃない？

その通り！「～という（名詞）」という意味になる同格のthatよ。学校で習ったかしら？「学校にスマホを持ち込んではいけないという規則」という意味になるの。

なるほど～。that以下、つまり空所に入る名詞を詳(くわ)しく説明する部分がネガティブな意味で、正解のカギになっているんだね。

訳　「生徒たちは学校にスマホを持ち込んではいけないという規則に不満だ」
1「子供(こども)時代」、2「規則」、3「不足」、4「数字」

（正解　2）

ステップアップ

ここで名詞の後にくるthatの文をいくつか見てみましょう。名詞が入る空所の後にthat節があれば、主に以下の3つの可能性（かのうせい）があります。

① 同格のthat

〈名詞＋that SV〉「SがVするという（名詞）」

⇒名詞とthat節が同格（イコール）の関係にある

例　There is an (opinion) that it might be an ancient musical instrument.

「それは古代（こだい）の楽器かもしれないという見解（けんかい）もある」

●同格のthatを伴（ともな）う主な名詞●

advice「助言」、conclusion「結論（けつろん）」、discovery「発見」、feeling「感情（かんじょう）」、opinion「意見、見解」、condition「条件（じょうけん）」、rule「規則」

② It is＋名詞＋that節

〈It is＋名詞＋that SV〉「SがVすることは（名詞）だ」

⇒文頭のItは仮主語で、that節が真主語

例　It was a (miracle) that the boy survived the accident.

「その少年がその事故（じこ）を生き延びたことは奇跡（きせき）だった」

③ 関係代名詞のthat

〈名詞＋that V〉「Vする（名詞）」

⇒that節が前の名詞を説明する

例　The man is suffering from a (disease) that causes a lot of pain.

「その男性（だんせい）はひどい痛（いた）みを伴（ともな）う病気で苦しんでいる」

①～③とも、that節の内容（ないよう）から空所に入る名詞を考えます。

① 「楽器かもしれない」⇒「見解」

② 「事故で生き延（の）びた」⇒「奇跡」

③ 「ひどい痛みを伴う」⇒「病気」

形容詞・副詞の問題

準2級の筆記1で出やすい形容詞と副詞を覚えましょう。

形容詞

- □additional　追加の
- □awful　ひどく悪い
- □careful　注意深い
- □complete　完全な
- □equal　等しい、平等な
- □familiar　馴染みのある
- □guilty　有罪の
- □harmless　無害な
- □international　国際的な
- □noisy　騒々しい
- □awake　起きている
- □bright　明るい
- □careless　不注意な
- □correct　正しい
- □excellent　優れた、素晴らしい
- □freezing　とても寒い
- □harmful　有害な
- □innocent　無罪の
- □nervous　緊張した
- □serious　真面目な、深刻な

副詞

- □actually　実際に、実のところ
- □cheerfully　元気に
- □completely　完全に
- □especially　特に
- □finally　ついに、最後に
- □instead　代わりに
- □hardly　ほとんど～ない
- □recently　最近
- □noisily　うるさく
- □safely　安全に、無事に
- □almost　ほぼ
- □clearly　はっきりと
- □deeply　深く
- □exactly　正確に
- □fortunately　運よく
- □gradually　次第に
- □lately　最近
- □nearly　ほとんど
- □probably　おそらく
- □separately　別々に

では、形容詞と副詞の問題を見てみましょう。

Let's TRY

ポイント1 ポジティブかネガティブかを意識しよう

Amy made a speech in class. She was so (　　　　) that her voice was very small and quiet.

1 bright　2 nervous　3 harmless　4 excellent

前にも出てきたso ～ that ...「とても～なので…」があるよ。

よく気づいたね！　つまり、空所の形容詞が原因、that以下が結果の関係よ。

「とても～だったので声が小さかった」という意味だね。nervous「緊張した」が合いそう。

正解！　ところで、みんなに質問。この場合、that以下の内容はポジティブかな？　ネガティブかな？

スピーチで声が小さいのだからネガティブだよねぇ。選択肢を見ると、ネガティブな意味の形容詞は2のnervousと3のharmlessかなぁ。

実はharmlessはポジティブな意味なの。-lessは「～がない、～を欠く」という意味で、careless「注意を欠く＝不注意な」やhomeless「家がない＝ホームレスの」のように、ネガティブな意味の語が多い。でもharmlessはharmful「有害な」の反対で「無害な」、つまりポジティブな意味なのよ。

訳　「エイミーはクラスでスピーチをした。とても緊張していたので彼女の声はとても小さく静かだった」
1「明るい」、2「緊張した」、3「無害な」、4「素晴らしい」

（正解　2）

Let's TRY

ポイント2　副詞が何を修飾(しゅうしょく)するかを考えよう

Jane had a Japanese speaking test yesterday. She tried to speak as (　　　) as possible so that the examiner could understand her.

1　clearly　　2　noisily　　3　lately　　4　gradually

選択肢(せんたくし)は全部が-lyの形で、副詞の問題よ。

空所の前後にasがあるな…。as ～ as possibleで「できるだけ～」という意味だよね。その「～」に副詞が入るわけか。

そう。副詞が文の途中(とちゅう)にあるときは、まずは動詞を修飾していると考えてみてね。この文ではspeakとのつながりがカギよ。

speakに合う副詞？　clearly「はっきりと」、それかnoisily「うるさく」？

1文目に「ジェーンは昨日、日本語のスピーキングのテストがあった」とあるね。スピーキングのテストだから、clearlyを入れて「できるだけはっきりと話すようにした」とすれば文意が通るんじゃない？

正解！　念のため、空所の後も読んでごらん。so thatがあるよね。「試験官が彼女(かのじょ)（＝Jane）の言うことを理解(りかい)できるように」だから、speak clearly「はっきりと話す」が文意に合うね。

訳　「ジェーンは昨日、日本語のスピーキングのテストがあった。試験官が彼女の言うことを理解(りかい)できるように、彼女はできるだけはっきりと話すようにした」
1「はっきりと」、2「うるさく」、3「最近」、4「次第に」

（正解　1）

ステップアップ

ここで派生語と接尾辞・接頭辞（単語の最後や最初に付くもの）、強意語の観点で形容詞と副詞を見ていきましょう。

<派生語の例>

形容詞に接尾辞-lyが付くと副詞になる。

□additional　追加の　⇔　additionally　また、加えて
□bright　明るい　⇔　brightly　明るく
□careful　注意深い　⇔　carefully　注意深く
□cheerful　元気な　⇔　cheerfully　元気に
□clear　明確な　⇔　clearly　明確に、はっきりと
□complete　完全な　⇔　completely　完全に
□exact　正確な　⇔　exactly　正確に
□noisy　騒々しい　⇔　noisily　騒々しく
□serious　真面目な、深刻な　⇔　seriously　真面目に、深刻に
□fortunate　幸運な　⇔　fortunately　幸運にも
□safe　安全な　⇔　safely　安全に

<反意語の例>

接尾辞-lessは「～がない、～を欠く」、接頭辞un-は「～の欠如、～の逆」。

□careful　注意深い　⇔　careless　不注意な
□harmful　有害の　⇔　harmless　無害の
□familiar　馴染みのある　⇔　unfamiliar　馴染みのない
□fortunately　幸運にも　⇔　unfortunately　不運にも

<強意語の例>

□good　よい　⇒　great、wonderful、excellent、amazing　とてもよい
□good　おいしい　⇒　delicious　とてもおいしい
□bad　悪い　⇒　awful　ひどく悪い
□small　小さい　⇒　tiny　とても小さい
□big　大きい　⇒　huge　とても大きい
□cold　寒い　⇒　freezing　とても寒い

強意語：
意味を強めた言葉

ここまでで学んだそれぞれの品詞のポイントを意識しながら、本番形式で単語問題を解きましょう。
次の英文の（　　）に入れるのに最も適切なものを1, 2, 3, 4の中から一つ選び、その番号をマークしなさい。

(1) The hotel guest's flight departure was 8 a.m. He called the front desk and（　　　）a taxi for 6 a.m. to get to the airport.

1 protected　　2 requested　　3 suggested　　4 included

①②③④

(2) A: Hello, Sam. Sorry, but I'll be late because of the heavy（　　　）.
B: That's all right. I'll be waiting at the café in the theater.

1 traffic　　2 exercise　　3 emergency　　4 silence

①②③④

(3) Sue said she wanted to live alone near her university, but her parents tried to（　　　）her to think again. They thought that living together could save money.

1 prohibit　　2 afford　　3 perform　　4 persuade

①②③④

(4) Mr. and Mrs. Anderson moved to the countryside. They live in a house that has a（　　　）garden now.

1 clear　　2 serious　　3 huge　　4 careful

①②③④

解答・解説

(1) 正解 2

訳 そのホテルの宿泊客の飛行機の出発時刻は午前8時だった。彼はフロントに電話をして、空港に行くのに午前6時にタクシーを依頼した。

解説 動詞の問題。空所には動詞の過去形が入る。目的語がa taxiで、その後の「空港に行くために」(目的)に合うのはrequested「～を依頼した」。
protect「～を守る」、suggest「～を提案する」、include「～を含める」

(2) 正解 1

訳 A:もしもし、サム。悪いんだけど、交通渋滞で遅れるわ。
B:大丈夫だよ。劇場内のカフェで待っているね。

解説 名詞の問題。because of ～「～が原因で」に着目して、遅れる理由を考えると、heavy traffic「激しい交通量、交通渋滞」が適切だと分かる。
exercise「運動」、emergency「緊急事態」、silence「沈黙、静けさ」

(3) 正解 4

訳 スーは大学の近くで一人暮らしをしたいと言ったが、両親は考え直すよう彼女を説得しようとした。彼らは一緒に住むとお金の節約になると思った。

解説 動詞の問題。空所前はtried to ～「～しようとした」。空所後に〈O + to不定詞〉が続いていることに着目し、persuade her to ～「彼女に～するよう説得する」が適切。他の選択肢は〈O + to不定詞〉が続かない。
prohibit「～を禁止する」、afford「～の余裕がある」、perform「～を演じる」

(4) 正解 3

訳 アンダーソン夫妻は田舎に引っ越した。彼らは今、すごく広い庭がある家に暮らしている。

解説 形容詞の問題。空所の前のthatは関係代名詞で、「～な庭がある家」という意味。田舎の家を想像すると、hugeが適切。
clear「明確な」、serious「真面目な、深刻な」、careful「注意深い」

練習しよう!

(5) A: It's freezing outside. We should wear warm clothes.
B: Yeah. I hear the (   ) will drop to 2 degrees today.

1 impression 2 explosion 3 environment 4 temperature

①②③④

(6) Susan and Bob got married on the (   ) that they would share the housework.

1 condition 2 anniversary 3 quality 4 behavior

①②③④

(7) The owner of the restaurant is certain that his employees are providing good service, but he is always looking for ways to (   ) it.

1 earn 2 exclude 3 improve 4 decrease

①②③④

(8) A: Please call me when you get home so that we know you arrived (   ).
B: I will. Thank you for your concern.

1 hardly 2 safely 3 recently 4 unfortunately

①②③④

解答・解説

(5) 正解 4

訳 A：外はすごく寒いよ。暖かい服を着ていったほうがいいね。

B：うん。今日は気温が2度まで下がるらしいよ。

解説 名詞の問題。空所はI hear (that) の後の主語の位置で、drop to 2 degrees「2度まで下がる」と言っている。Aはすごく寒い (freezing) と言っていることから、下がるのはtemperature「気温」だと分かる。

impression「印象」、explosion「爆発」、environment「環境」

(6) 正解 1

訳 スーザンとボブは家事を分担するという条件で結婚した。

解説 名詞の問題。空所後のthat節の内容から、conditionを入れて「彼らは家事を分担するという条件」とすれば文意が通る。同格のthatである。

anniversary「記念日」、quality「質」、behavior「振る舞い、行動」

(7) 正解 3

訳 そのレストランのオーナーは、従業員がよいサービスを提供していることを確信しているが、絶えずそれ（＝サービス）を改善する方法を探し求めている。

解説 動詞の問題。空所後のitはserviceを指し、improveを入れて「サービスを改善する方法」とすればよい。

earn「～を稼ぐ」、exclude「～を除く」、decrease「～を減らす」

(8) 正解 2

訳 A：あなたが無事に着いたことが分かるように、帰宅したら電話をちょうだいね。

B：そうします。心配していただいてありがとうございます。

解説 副詞の問題。空所前の動詞arrivedを修飾する副詞として適切なのは、safely「無事に」である。

hardly「ほとんど～ない」、recently「最近」、unfortunately「不運にも」

熟語問題の傾向・対策

Q：どんな熟語が問われるの？

A：熟語問題は通常、7問出題されます。熟語の種類は大きく分けて、次の3つです。

① 動詞中心	例 turn off、look after、look up
② 前置詞＋語句	例 on time、at the age of
③ 形容詞や名詞中心	例 be free from、take turns

Q：選択肢はどんなもの？

A：上記のような熟語がいろいろなパターンで出題されます。選択肢のパターンは主に次の3つです。

① 選択肢に前置詞・副詞が並ぶ

例 1 off　2 after　3 out　4 from

② 選択肢に動詞が並ぶ

例 1 turn　2 look　3 take　4 hear

③ 選択肢に熟語が並ぶ

例 1 take over　2 look after　3 run into　4 pass by

例 1 at home　2 on time　3 before long　4 for fun

このように、選択肢には同じ形の語（句）が並ぶので、文法的に判断するのではなく、文脈に合う意味の熟語を選ぶ必要があります。

Q：熟語はどうやって覚えたらいいの？

A：上で挙げた3つの熟語の種類別に、同じ形の熟語をまとめて覚えるのがよいでしょう。on time⇔定刻に、before long⇔間もなく、のように瞬時に英語と日本語が一致するようにしましょう。

 動詞中心の熟語

まずは、動詞中心の熟語から見ていきましょう。句動詞〈動詞＋前置詞・副詞〉の他、動詞部分が問われやすい熟語をまとめました。たとえば、turn offだと、空所にはturn、off、turn offが入る場合が考えられますので、動詞とその後の語（句）はセットで覚えましょう。反意語や1語で表せる同意語も合わせて覚えると効果的です。

□ask for　～を求める　＝request
□call off　～を中止する　＝cancel
□put off　～を延期する　＝postpone
□get over　～を乗り越える
□turn off　（テレビ·明かりなど）を切る ⇔ turn on　（テレビ·明かりなど）をつける
□put on　～を着る ⇔ take off　～を脱ぐ、（飛行機が）離陸する
□turn down　～を断る、（音量）を下げる ⇔ turn up　（音量）を上げる
□write [put] down　～を書き留める
□depend on　～次第である、～に頼る　＝rely on
□look after　～の世話をする　＝take care of
□run into　～に偶然会う　＝come across
□apply for　～に申し込む
□try on　～を試着する
□show off　～を見せびらかす
□show up　現れる
□drop by　～に立ち寄る
□pass by　～を通り過ぎる
□appeal to　～の注意をひく
□result in　（結果的に）～になる
□take over　～を引き継ぐ
□point out　～を指摘する
□suffer from　～に苦しむ
□look up　～を調べる
□focus on　～に焦点を当てる、～を重視する
□do without　～なしでやっていく
□keep up with　～に遅れずついていく
□catch up with　～に追いつく
□get away from　～から離れる、～を避ける
□remind A of B　AにBを思い出させる
□add A to B　BにAを加える
□name A B after C　CにちなんでAをBと名付ける
□turn out to be　～と判明する

では、次のページで問題を見てみましょう。

Let's TRY

ポイント1　文脈に合う句動詞を考えよう

A: Brad looks unhappy today.
B: I know. He (　　　　) me without saying anything this morning.
　1　took over　　2　looked after　　3　ran into　　4　passed by

選択肢は全部、句動詞だね。

そう。空所はHeとmeの間で、選択肢はどれも後に目的語に「人」がくる熟語よ。それでは、文脈を確認してみて。

unhappyとあるからブラッドは今日、ハッピーじゃないんだね。空所後にwithout saying anything「何も言わずに」とあるから、he passed by me「私の前を通り過ぎた」が合いそうだ。

正解！　without *do*ingで「～せずに」という意味ね。

なるほど。熟語の意味を覚えるときは、目的語に「人」がくるか「物」がくるかも意識したらいいんだね。

訳　A「ブラッドは今日、ハッピーではないみたいだね」
　　B「知ってる。彼は今朝、何も言わずに私の前を通り過ぎたわ」

✎それぞれ、1 take over＋人「(人) の後を継ぐ」、2 look after＋人「(人) の世話をする」、3 run into＋人「(人) にばったり会う」、4 pass by「～のそば［前］を通り過ぎる」の過去形。

(正解　4)

Let's TRY

ポイント2　空所後の前置詞・副詞に着目しよう

A: Hi, Sophia. I thought you'd gone to Spain for a vacation. Why are you here?
B: My mother got injured, so I put (　　　) my departure for two days.
1 on　2 away　3 off　4 into

これは選択肢が全部1語だ。空所前に動詞putがあるからこれも句動詞の問題かな？　putとセットで使う語を選んだらいいんだね。

ふむふむ。1はput onで「～を着る」という意味になるよ。

そうだけど、ちゃんと文脈を見て。目的語はmy departure「出発」よ。

そうかぁ。Aはソフィアに、「休暇でスペインに行ったと思っていた。どうしてここにいるの？」と言っているね。ええと…

ソフィアの返事からして、お母さんが怪我をしたからスペインに行ってないのよ。だから「2日間出発を延期した」となる3が正解ね。

GOOD！　4つの句動詞の意味を知っていれば、空所後のmy departure for two daysだけでもput offが選べるわね。I (　put　) off my departureのように、動詞部分が空所になることもあるから、覚えておいてね。

訳　A「やあ、ソフィア。君は休暇でスペインに行ったと思っていたよ。どうしてここにいるの？」
B「お母さんが怪我をしたから2日間出発を延期したの」　（正解　3）

前置詞＋語句の熟語など

〈前置詞＋語句〉などで副詞や形容詞の働きをする熟語を覚えましょう。

□by accident　偶然に　＝by chance　⇔　on purpose　故意に

□by nature　生まれつき

□for fun　楽しみのために

□in time　間に合って

□in demand　需要がある

□in advance　前もって

□in contrast　対照的に

□on average　平均して

□with luck　幸運にも　＝luckily

□right away　今すぐに

□by mistake　誤って

□for sure　確実に、確かに

□on time　定刻に

□on demand　要求に応じて

□in turn　次々に、順番に

□in return　お返しに

□by now　今頃はもう

□with care　注意して　＝carefully

□right now　今すぐに、現時点では

□due to　～のために、～が原因で　≒because of

□before long　間もなく　＝soon

□according to　～によると

□up to　～次第で

□under control　制御されて

□instead of　～の代わりに

□as well　～もまた

□except for　～以外に

□so far　今までのところ

□at times　ときどき

□in spite of　～にもかかわらず

□in great shape　とても元気で

□for the first time　初めて

□at the age of　～の年齢で、～歳のときに

□at the end of　～の終わりに

□at the risk of　～の危険を冒して

□on the edge of　～の端に

□on the basis of　～に基づいて

では、次のページで問題を見てみましょう。

Let's TRY

ポイント **副詞句は動詞とのつながりを考えよう**

Helen was in a bad mood after she lost an important tennis match. Her teammates wanted to cheer her up, but they chose their words (　　　) in order not to upset her.

1 by mistake　2 for fun　3 with care　4 on demand

選択肢は全部、熟語ね。〈前置詞＋語〉で副詞の働きをするわけね。

その通り！「チームメイトは～に言葉を選んだ」という文意で、空所に入る熟語が動詞のchoseを修飾するの。1文目から順に読んでみよう。

「ヘレンは重要なテニスの試合に負けた後、不機嫌だった」という意味だね。2文目は「彼女のチームメイトは彼女を元気づけたいと思ったが～」だから、1を入れて、chose their words by mistake「誤って言葉を選んだ」とすれば合いそうだよ。

う～ん、確かに前からの流れには合いそうだけど、ちゃんと空所後も見て。in order not to ...のところ。

「彼女を怒らせないように」という意味？　だから、with careを入れて「注意深く言葉を選んだ」とするんじゃない？　答えは3だわ。

正解！　空所の前だけでなく、後ろもちゃんと読もうね。

訳　「ヘレンは重要なテニスの試合に負けた後、不機嫌だった。彼女のチームメイトは彼女を元気づけたいと思ったが、彼女を怒らせないように注意深く言葉を選んだ」
1「誤って」、2「楽しみのために」、3「注意深く」、4「要求に応じて」

（正解　3）

形容詞・名詞中心の熟語など

形容詞中心の熟語や名詞中心の熟語を覚えましょう。

形容詞中心

☐be capable of　～の能力がある、～ができる

☐be certain of　～を確信している

☐be fond of　～が好きである

☐be jealous of　～をうらやましく思う

☐be typical of　～に特有である

☐be short of　～が不足している

☐be full of　～でいっぱいである

☐be eager for　～を熱望している

☐be grateful for　～に感謝している

☐be responsible for　～に責任がある

☐be sorry for　～を申し訳なく思って、気の毒に思って

☐be based on　～に基づいている

☐be free from　～がない

☐be far from　～から離れて、決して～ではない

☐be separate from　～から離れている

☐be absent from　～を欠席している

☐be familiar with　～をよく知っている

☐be pleased with　～に喜んでいる

☐be good at　～が得意で　⇔　be bad [poor] at　～が不得意で

☐be about to *do*　～するところである

名詞中心、その他

☐make friends with　～と仲よくなる

☐make sense of　～を理解する

☐make an effort　努力をする

☐make a mistake　間違える

☐take place　行われる

☐take turns　交代で行う

☐take notes　メモを取る

☐fall asleep　眠りに落ちる

☐keep an eye on　～から目を離さない

☐pay attention to　～に注意を払う

☐play a part in　～で役割を果たす

☐look forward to　～を楽しみに待つ

☐no longer　もはや～でない

☐all year round　一年中

☐～, and so on　～など

では、次のページで問題を見てみましょう。

Let's TRY

ポイント **形容詞を入れる問題では前置詞に着目しよう**

A: I can't believe Jack lost my dictionary. I need to buy a new one.
B: It's (　　　　) of something he would do. You shouldn't have lent him anything important to you.
1 jealous　2 typical　3 certain　4 capable

〈be＋形容詞＋of〉の形になる形容詞を選べばいいのかしら？

そう。でも、実はこの選択肢(せんたくし)は全部、〈be＋形容詞＋of〉の形になるの。

え〜！　じゃあ、やっぱり文脈(ぶんみゃく)で考えないといけないのか…

そういうこと。主語のItが何を指しているかを考えてみよう。

Aの発言から、Itは「ジャックが私の辞書をなくしたこと」かなぁ。でも、空所の後のsomething he would doが分からない。

ちょっと難(むずか)しいかな？　その後のYou shouldn't ... は「彼(かれ)に大事な物を貸(か)すべきではなかったよ」という意味。〈shouldn't have＋過去(かこ)分詞〉「〜すべきでなかった」は後悔(こうかい)・非難(ひなん)を表す表現(ひょうげん)なの。正解は2のtypicalよ。It's typical of something he would do.で「それは彼がすることの典型(てんけい)だ、彼がしそうなことだ」という意味になるの。

訳　A「ジャックが私の辞書をなくしたなんて信じられない。新しい辞書を買わないといけないよ」
B「それは彼がしそうなことだね。君は大事な物を彼に貸すべきではなかったよ」
1 be jealous of「〜をうらやましく思う」、2 be typical of「〜に特有［典型的］である」、3 be certain of「〜を確信(かくしん)している」、4 be capable of「〜の能力(のうりょく)がある」

（正解　2）

練習しよう！

本番形式で熟語(じゅくご)問題を解(と)きましょう。

次の英文の（　　）に入れるのに最も適切(てきせつ)なものを1, 2, 3, 4の中から一つ選び、その番号をマークしなさい。

(1) Takeshi is always checking messages or other information on his smartphone. Everyone believes that he can't (　　　　) it.

1　result in　　2　focus on　　3　ask for　　4　do without

①②③④

(2) Ben was supposed to play in his first soccer game yesterday, but a bad storm came and it was (　　　　) off. He was very disappointed.

1　called　　2　showed　　3　turned　　4　taken

①②③④

(3) A: I'm going to see the special exhibition at the national museum this Saturday.
B: You should get a ticket (　　　　) as there will be a long line on that day.

1　by chance　　2　in advance　　3　with luck　　4　on purpose

①②③④

解答・解説

(1) **正解　4**

訳　タケシは常にスマホでメッセージや他の情報を見ている。誰もが、彼はそれがなくてはやっていけないと思っている。

解説　選択肢には句動詞が並んでいる。空所後のitはhis smartphoneを指し、do withoutを入れて「スマホなしではやっていけない」とする。

result in「(結果的に) ～になる」、focus on「～に焦点を当てる、～を重視する」、ask for「～を求める」

(2) **正解　1**

訳　ベンは昨日、初めてサッカーの試合でプレーするはずだったが、大嵐が来て、試合は中止になった。彼はとてもがっかりした。

解説　句動詞の動詞部分が空所になっているパターン。選択肢はすべて〈動詞＋off〉の形になるので文脈で判断する。空所前の主語のitはhis first soccer gameのことで、大嵐が来たのだから試合は「中止になった」と考えられる。call off「～を中止する」の受動態である。

show off「～を見せびらかす」、turn off「(電源など) を切る」、take off「～を脱ぐ」

(3) **正解　2**

訳　A：今週の土曜日、国立博物館の特別展を見に行くんだ。

B：当日は長い列ができるから、事前にチケットを買ったほうがいいよ。

解説　空所にはget a ticketを修飾する副詞句が入る。特別展を見に行くと言うAに対し、BはYou should ... と助言している。空所後の「当日は長い列ができる」から、in advanceを入れて「事前にチケットを買うべき」とする。

by chance「偶然に」、with luck「幸運にも」、on purpose「故意に」

練習しよう!

(4) A: Ms. Jackson, there are some words I don't know in the passage.
B: Why don't you (　　　) in your dictionary? That's what it's for.

1 put them down　　2 point them out
3 try them on　　4 look them up

①②③④

(5) Mike and his wife are happy that their youngest daughter got married and left home. Now they live a relaxed life (　　　) worries about their children.

1 eager for　　2 fond of　　3 free from　　4 sorry for

①②③④

(6) As a landscape photographer, Nathan often goes to rarely visited places, including jungles and deserted islands. Many of his photos were taken (　　　) his life.

1 at the risk of　　2 at the age of
3 at the end of　　4 on the basis of

①②③④

解答・解説

(4) 正解　4

訳　A：ジャクソン先生、文章中に知らない言葉がいくつかあります。

B：辞書で調べたらどうですか。辞書はそのためにあるんですよ。

解説　選択肢は句動詞の目的語が代名詞themになって間に入った形。themはsome words I don't know「知らない言葉」を指しており、「辞書でそれら（＝言葉）を調べる」という意味がふさわしいので、look upが適切。このように、句動詞の間にitやthem、herなどの代名詞が入った形もよく出る。

put down「～を書き留める」（＝write down）、try on「～を試着する」、point out「～を指摘する」

(5) 正解　3

訳　マイクと妻は末っ子の娘が結婚して家を出たことを嬉しく思っている。今、彼らは子供に関する心配事のない穏やかな生活を送っている。

解説　選択肢には〈形容詞＋前置詞〉が並んでいる。直前にbe動詞はないが、(　　) worries about their childrenという形容詞句が前の名詞a relaxed lifeを修飾する構造。子供が巣立った後の夫婦を想像すると、「心配事がない穏やかな生活」という意味がふさわしい。よって、free from「～がない」が適切。

(be) eager for「～を熱望している」、(be) fond of「～が好きである」、(be) sorry for「～を申し訳なく［気の毒に］思って」

(6) 正解　1

訳　風景写真家として、ネイザンはしばしばジャングルや無人島といった秘境に行く。彼の写真の多くは命がけで撮られたものだ。

解説　選択肢には名詞中心の前置詞句が並んでいる。空所後がhis lifeで、秘境で写真撮影する状況を考えると、at the risk of his life「命の危険を冒して、命がけで」が文意に合う。riskは「危険（性）」という名詞。

at the age of「～の年齢で」、at the end of「～の終わりに」、on the basis of「～に基づいて」

文法問題の傾向・対策

Q：どんな文法が出るの？

A：準2級で出る文法の知識を問う問題は、筆記1の20問中3問しかありませんので、出題される文法項目の数はさほど多くありません。出題頻度から考えると、特に時制や準動詞、仮定法過去など、「動詞」に関わる文法が重要なので、しっかりと理解しておきましょう。

Q：選択肢はどんなもの？

A：文法項目によってさまざまですが、動詞に関わる文法には、

1　will finish　　2　had finished
3　would be finished　　4　was finishing

のように、選択肢にwillやhaveなどの助動詞を含む「述語動詞（主語の後にくる動詞）の変化形」が並ぶパターンがあります。この場合、空所は述語動詞の位置と決まっているので、「時」を表す語句や接続詞、文中の他の動詞の時制などを意識して読みます。一方、

1　finish　　2　finished　　3　finishing　　4　to finish

のように、選択肢に「動詞の変化形」が並ぶパターンも典型です。この場合、空所が述語動詞の後なのか、名詞の後なのか、何かを修飾しているのか、などを意識して読むことになります。

Q：文法はどうやって覚えたらいいの？

A：まずは、3級の文法（中学英文法）をしっかりと復習しましょう。そして、準2級の筆記1の文法問題として、この後のLet's TRYで扱う文法をしっかりと身につけましょう。また、準2級の「読む」「書く」「聞く」「話す」において重要な文法事項を58〜65ページにまとめましたので、そちらも合わせて学習しましょう。

文構造の基本

個々の文法項目の説明の前に、英文の基本構造を確認します。英文は〈主部〉と〈述部〉で成り立っていて、〈主語（S）＋動詞（V）〉で始まるのが基本です。

主部　述部

The bag found in the forest had a passport of a missing man in it.

S　V　O

「森で見つかったバッグには、行方不明の男性のパスポートが入っていた」

この文の主語はThe bag、述語動詞はhad、目的語はa passport of a missing manです。このように、英文を読むときは常に、文型（SV、SVO、SVCなど）を意識することが重要です。

また、特に動詞が大事です。この文に動詞はいくつありますか？

The bag found in the forest had a passport of a missing man in it.

動詞は3つありますね。それぞれ以下の働きをしています。

found…直前の名詞The bagを修飾する過去分詞（形容詞的用法）
had…文全体の述語動詞
missing…直後の名詞manを修飾する現在分詞（形容詞的用法）

この英文が、次のように出題されたとします。

The bag (　　　) in the forest had a passport of a missing man in it.
1 find　2 finds　3 found　4 finding

主語がThe bagで、空所にはThe bagに対する述語動詞が入ると思ってしまうと正解できません。主語はThe bag (　　　) in the forestで、述語動詞はhadであることを理解する必要があります。(　　　) in the forestが前の名詞The bagを修飾する形で、過去分詞のfoundが正解です。このように、動詞を問う問題は文型の理解がポイントになります。

時制

では、筆記1の文法問題で出やすい文法項目を1つずつ確認していきましょう。まずは、最も重要な「時制」からです。□の語句が述語動詞で、空所で問われる語句だと思ってください。準2級で出るのは特に②と③です。

① 現在と過去

Maika goes to the U.S. every summer.「マイカは毎年夏にアメリカに行く」
Maika went to the U.S. last summer.「マイカは昨年夏にアメリカへ行った」

② 完了形

〈現在完了形〉 have[has]＋過去分詞 ＊過去から現在まで続いている状態

Maika has been in the U.S. on a homestay for a year.
「マイカはホームステイで1年間アメリカにいる」

〈現在完了進行形〉 have been＋-ing ＊過去から現在まで続いている動作

Maika has been practicing the violin for two hours.
「マイカは2時間ずっとバイオリンの練習をしている」

〈過去完了形〉 had＋過去分詞 ＊showedより前のこと

Maika showed me a picture she had taken in the U.S.
「マイカはアメリカで撮った写真を見せてくれた」

③ 未来

〈未来進行形〉 will be＋-ing形 ＊未来の一時点で進行中の動作

Maika will be studying in the U.S. next summer.
「マイカは来年の夏、アメリカで勉強しているだろう」

〈未来完了形〉 will have＋過去分詞 ＊未来の一時点で完了している状態・動作

Maika will have arrived at the airport by noon.
「マイカは正午までには空港に到着しているだろう」

Let's TRY

ポイント 他の動詞を参考にしよう

Jack is very sad because he lost the watch he (　　　　) on his last birthday.

1 is given　　2 had been given
3 will be given　　4 has been given

空所前のheは主語で、選択肢は全部、述語動詞の形だ。

そう、give「～を与える」の適切な形を選ぶ問題よ。4つとも受動態だから、「時」だけを考えたらいいの。さて、この文の動詞はいくつある？

空所の語句以外に、isとlostがあるよ。「ジャックは誕生日にもらった腕時計をなくしてとても悲しい」。意味はなんとなく分かるけど、正しい時制と言われると、自信がない…

「腕時計をなくした」（he lost the watch）と、「腕時計をもらった」では、どちらのほうが先に起こったかな？

もちろん、「もらった」ほう。ということは、空所にはlostより前のことを表す形、過去完了のhad been givenが入るってこと？

その通り！　he had been given「彼がもらった」が前の名詞the watch「腕時計」を修飾する構造よ。because以下の構造を確認しよう。

過去形（lost）　過去完了形（had been given）

he lost the watch (he had been given on his last birthday)
S　V　O

訳 「ジャックはこの前の誕生日にもらった腕時計をなくしたのでとても悲しんでいる」

（正解　2）

準動詞①

選択肢に動詞の変化形が並ぶパターンの文法問題を順に見ていきましょう。まずは、「準動詞」です。準2級で重要なのは不定詞、動名詞、分詞です。

①不定詞

不定詞には、to不定詞と原形不定詞があります。toが必要か不要かに注意してしっかりと確認しましょう。

〈to不定詞〉

I went to the station to meet Jill. 「私はジルと会うために駅へ行った」

It is important to save water. 「水を節約するのは重要だ」

He seems to tell lies. 「彼は嘘つきのようだ」

〈原形不定詞〉

Jill made me wait at the station for more than an hour.

「ジルは私を駅で1時間以上待たせた」

✎〈make＋O＋動詞の原形〉で「Oに～させる」という意味です。このmakeのような動詞を使役動詞と言い、他にhaveやletなどがあります。

I saw Jill go through the ticket gate in a hurry.

「私はジルが急いで改札を通るのを見た」

✎〈see＋O＋動詞の原形〉で「Oが～するのを見る」という意味です。このseeのような動詞を知覚動詞と言い、他にhearやfeelなどがあります。

②動名詞

動詞の-ing形には、動名詞と現在分詞があります。動名詞は「～すること」という名詞の働きをし、文の主語や補語、動詞・前置詞の目的語になります。現在分詞は後ほど学びます。

I think saving water is important. 「水を節約するのは重要だと思う」

We talked about saving water. 「私たちは水を節約することについて話した」

Let's TRY

ポイント make、have、letは使役動詞の可能性がある

A: Alice, I see some grammar mistakes in your writing homework.
B: All right, Mom. I'll have my teacher (　　　) it tomorrow.
1 check　2 checked　3 checking　4 to check

選択肢には動詞checkの変化形が並んでいるね。空所後のitがポイント？

コツが分かってきたようね、ショー！　ゴン太、このitは何だと思う？

え？　僕？　your writing homework「作文の宿題」かなぁ。空所の前にhaveがあるけど、これが使役動詞？　「明日それ（＝作文）を先生に見てもらう」という意味かなぁ～と思うけど、正しい形が分からない…

「（人）に～してもらう」は〈have＋人＋動詞の原形〉で表すのよ。

ということは、正解は原形のcheckかぁ。

正解！　ただし、「（物）を～してもらう」の場合は〈have＋物＋過去分詞〉だから注意してね。

比べてみよう

have my teacher check my writing「先生に作文を見てもらう」
have my writing checked (by my teacher)「（先生に）作文を見てもらう」

訳　A「アリス、あなたの作文の宿題に文法の間違いがいくつかあるわよ」
B「分かったわ、お母さん。明日、先生に見てもらうわ」

（正解　1）

準動詞②

分詞は、現在分詞（動詞の-ing形）と過去分詞（動詞の-ed形）の2種類があり、形容詞のような働きをして名詞を修飾することができます。準2級の筆記1で出る分詞として、以下の用法を覚えておきましょう。

① 現在分詞

The girl singing on the stage is Rumi.「舞台で歌っている女の子はルミだ」

✎singing on the stageが形容詞のように前のThe girlを修飾しています。The girl is singing（能動態）の関係が成り立っています。

I saw a girl singing on the stage.「舞台で女の子が歌っているのを見た」

✎seeは知覚動詞で、〈see＋O＋-ing〉で「Oが～しているのを見る」という意味です。

② 過去分詞

I read an article written about cats.「猫について書かれた記事を読んだ」

✎written about catsが前のan articleを修飾しています。
an article was written（受動態）の関係です。

③ 分詞構文

分詞構文はさまざまな用法があるのですが、準2級の筆記1としては、現在分詞を使った次の2パターンを知っておきましょう。

Walking down the street, I noticed a new building on the corner.

「私は通りを歩いていたとき、角に新しい建物があるのに気づいた」

✎I was walking down the street（能動態）の関係です。

They had dinner listening to music.

「彼らは音楽を聞きながら夕食を食べた」

✎現在分詞が「～しながら」という意味を表します。

Let's TRY

ポイント 前に名詞があれば分詞を入れてみよう

The news report said that the police had found an old painting ( ) from the library at a former librarian's house.
1 stealing 2 stole 3 stolen 4 to steal

選択肢(せんたくし)には動詞stealの変化形が並(なら)んでいるわ。that節の中はthe policeが主語、had foundが動詞だから、an old painting ( ) from the libraryが目的語のような気がするわ。

さすが、その通りよ！ 空所の前に名詞an old paintingがあるよね。paintingとstealの意味関係を考えてみて。

「絵」と「盗(ぬす)む」の関係ってこと？ 「図書館から盗まれた古い絵画」だよね。ということは、受動の関係だから過去(かこ)分詞のstolenが答え？

正解！ このように、動詞の正しい形を選ぶとき、空所の前が名詞の場合は分詞を入れてみて。

比べてみよう

盗まれた　＊stolen from the libraryが前の名詞を修飾

They found a painting **stolen** from the library.

They saw a man **stealing** a painting.

盗んでいる　「彼(かれ)らは男が絵を盗んでいるのを見た」

訳　「ニュースによると、警察(けいさつ)は、図書館から盗まれた古い絵画を元司書(ししょ)の自宅(じたく)で発見した」

（正解　3）

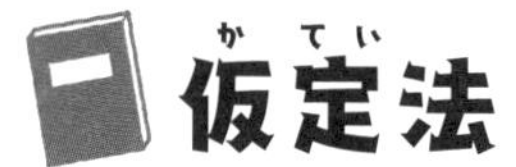

仮定法

次に「仮定法」です。仮定法は動詞の形が重要なので、動詞部分が空所になって問われます。仮定法の問題を解くときは、文意の他、他の動詞や助動詞の形、仮定法特有の表現が手がかりになります。仮定法は、仮定法過去や仮定法過去完了などがありますが、準2級では仮定法過去をしっかりと押さえましょう。仮定法過去は主に、実際の状況と違うことを言うときに使います。

仮定法過去の基本形（ifのある文）

● 〈If＋S'＋ 動詞の過去形 , S＋ would[couldなど]＋動詞の原形 .〉
「もしS'が～するなら、Sは…するのに」

If I had more time, I would learn Chinese.
「もっと時間があれば、中国語を習うのだが」
✎hadが空所の場合、主節の助動詞の過去形wouldから仮定法だと判断、would learnが空所の場合、if節の過去形hadから仮定法だと判断します。

ifのない仮定法もあります。以下の　　の語句が手がかりになります。

● 〈Without＋A, S＋ would[couldなど]＋動詞の原形 .〉
「Aがなければ、Sは～するのに」

Without the sun, there would be no life on the earth.
「太陽がなければ、地球上に生命は存在しないだろう」（＝実際、太陽はある）
✎without「～がなければ」の反対はwith「～があれば」です。このwithやwithoutが空所になることもあります。

● 〈I wish＋S＋ 動詞の過去形 .〉「Sが～だったらなあ」

I wish I were rich. 「私がお金持ちだったらなあ」（＝実際は金持ちではない）
✎主語が単数形でもbe動詞にはwereを使います。

● 〈If only＋S＋ 動詞の過去形 !〉「Sが～だったらなあ」

If only I had a sister! 「私に姉［妹］がいたらなあ！」（＝実際はいない）

Let's TRY

ポイント **wishがあれば仮定法の文だと判断しよう**

Little Maya got so many presents from her parents and friends on her fourth birthday. She wishes that there (　　　) birthdays once a month.

1 are　2 were　3 being　4 have been

選択肢にはbeの変化形が並んでいるよ。あ、前にwishesがある！

そう！　いいところに気がついたね。wishがあれば仮定法だと思って。

ええと、that節の主語はthere？　じゃないね、空所がbeだから、there is ～「～がある」の文かなぁ。だとすると、正しい形は？

〈I wish＋S＋動詞の過去形.〉で「Sが～だったらなあ」という意味よね。仮定法過去では動詞は過去形になるから、正解はwereね。

そう！　仮定法は実際の状況と違うことを言うときに使うんだったよね。誕生日が月に1回あるのは非現実的だから仮定法がふさわしいの。

比べてみよう

単なる未来の要望・希望だから仮定法ではない（will get）

She **hopes** that she **will get** more presents next year.
「彼女は来年、もっと多くのプレゼントがもらえることを望んでいる」

訳　「幼いマヤは、4歳の誕生日に両親や友達からたくさんのプレゼントをもらった。彼女は誕生日が月に1回あればいいのにと思っている」

（正解　2）

関係詞

「関係詞」の問題に挑戦(ちょうせん)しましょう。関係詞は、関係代名詞や関係副詞などがありますが、ここでは準2級で初めて出てくる関係副詞に焦点(しょうてん)を絞(しぼ)ります。

① 関係副詞

関係副詞のwhereは先行詞（前の名詞）が「場所」を表す語のとき、whenは「時」を表す語のときに使います。

〈where〉

Kate and her husband had dinner at the restaurant [場所] where they first met.

「ケイトと夫は2人が初めて出会ったレストランで夕食を取った」

✎英文を読むときは、「ケイトと夫はレストランで夕食を取った⇒彼(かれ)らが出会った場所」というように、前から順に理解(りかい)していくようにしましょう。

〈when〉

They first met there in 2000 [時] when they graduated from college.

「彼らは大学を卒業した2000年にそこで初めて出会った」

✎「彼らは2000年にそこで出会った⇒2人が大学を卒業した年」

② 複合関係詞(ふくごう)

wheneverは「～するときはいつも」という意味で、このような語を複合関係詞と言います。副詞、代名詞、形容詞の用法がありますが、when, what, whereなどの部分を見分けることが重要になります。

Emi goes to her favorite band's concerts whenever they come to her city.

「エミはお気に入りのバンドが街に来るときはいつもそのコンサートに行く」

whatever「～するものは何でも」
wherever「～するところはどこ（へ）でも」
whichever「～するのはどれでも」
whoever「～する人は誰(だれ)でも」

Let's TRY

ポイント **複合関係詞は疑問詞の意味で判断しよう**

A: Mom, do you think I should invite my brass band members as well as my classmates to the party?
B: You can invite (　　　) you like.
1 whenever　2 wherever　3 whatever　4 whomever

選択肢には-everの形の語が並んでいるねぇ。これが複合関係詞っていうのかぁ。

そう。複合関係詞の問題は、whatやwhenの部分で意味が決まるのよ。

my brass band members as well as my classmatesとあるから、パーティーに誰を誘えばいいか母親に相談しているのかな？　母親のセリフとしては、whomeverを入れて「好きな人は誰でも誘っていいのよ」が合うね。

正解！　あと、複合関係詞には「いつ［どこで、何が、誰が］～しても」という譲歩の意味もあるの。覚えておいて。

比べてみよう

Whoever comes will be welcome.「来る人は誰でも歓迎される」
Whoever comes, we will have fun.「誰が来ても楽しくなるよ」

訳　A「お母さん、パーティーにはクラスメートだけでなく吹奏楽部員も誘ったほうがいいと思う？」
B「あなたの好きな人なら誰でも誘っていいのよ」

（正解　4）

比較

形容詞・副詞の比較級、最上級、原級を使った比較表現は3級でも出ますが、準2級では少し複雑な文で出題されます。定型表現を知っておきましょう。選択肢には形容詞・副詞の変化形が並びます。

① 比較級を強めるmuch

〈much＋比較級＋than ～〉で「～よりもずいぶん…」という意味です。muchは比較級を強調しています。

Today is much [colder] than yesterday.「今日は昨日よりずいぶん寒い」

② 最上級を表すさまざまな表現

「～が一番…だ」という意味を表すさまざまな表現があります。

Jason can run [the fastest] in his school.
「ジェイソンは学校で一番速く走れる」

= Jason can run [faster than any other student] in his school.
「ジェイソンは学校でどの生徒よりも速く走れる」

= [No other student] can run [faster than] Jason in his school.
「学校でジェイソンより速く走れる生徒はいない」

= [No one] can run [as fast as] Jason in his school.
「学校でジェイソンほど速く走れる人はいない」

③ more、lessなどを含む表現

Yuta slept for [more than] twelve hours last night.
「ユウタは昨夜、12時間以上眠った」〈more than＝over〉

Yuta slept for [no less than] twelve hours last night.
「ユウタは昨夜、12時間も眠った」〈no less than＝as many as〉

Yuta slept for [no more than] three hours last night.
「ユウタは昨夜、3時間しか眠れなかった」〈no more than＝only〉

Yuta has been sleeping [less and less].　⇔more and more
「ユウタはますます睡眠が減っている」

Let's TRY

ポイント **比較の問題は定型表現を覚えよう**

A: Hello. I would like to have my shoes cleaned. How long will it take?
B: Not long at all. It'll take no (　　　) than 30 minutes.

1 much　　2 more　　3 most　　4 less

選択肢にはmanyやlittleの比較級・最上級があるね。空所後にthanがあるから空所には比較級が入ると思うわ。

その通り。thanがあるからmuchやmostは入らないと分かるわね。

つまり、no more thanかno less thanってこと？　ああ、noと比較級の組み合わせがややこしい…

no more thanはonlyの意味で「たった〜だけ」で、つまり「少ない」ってこと。no less thanはas many asの意味で「〜ほども多くの」で、つまり「多い」ってこと。文脈はどうなってる？

靴のクリーニングにかかる時間を聞かれて、店員はNot long at all.「長くかからない」と答えているわ。だから、「少ない」方が文脈に合うわ。つまり、no more thanが正解ね。

訳　A「こんにちは。靴をクリーニングしてもらいたいんですが。どれくらいかかりますか」
B「長くかかりませんよ。30分もかかりません」

（正解　2）

準２級の重要文法

準２級全体で重要な文法をまとめました。筆記１で出る可能性もありますので、しっかりと確認しておきましょう。□の語句が筆記１で空所になりがちな語句です。

代名詞・形容詞

〈one、some、other、another〉

Carol has two sons. One is a student and the other is a chef.

「キャロルには息子が２人いる。１人は学生で、もう１人はシェフだ」

Some children like reading, but others like sports. = other children

「読書が好きな子供もいれば、スポーツが好きな子供もいる」

似た語のanotherは「もう１つの、別の」という形容詞でよく使います。

This cake is delicious. — Would you like another piece?

「このケーキ、美味しいね」－「もう１切れいかが？」

I like this shirt, but do you have it in another color?

「このシャツが気に入っているのですが、別の色のものありますか」

〈both、either〉

Carol has two sons, and both of them like video games.

「キャロルには息子が２人いて、２人ともテレビゲームが好きだ」

There are two books. You can read either of them.

「本が２冊あります。そのどちらを読んでもいいですよ」

I read two books, but I didn't enjoy either of them.

「本を２冊読みましたが、そのどちらも楽しめませんでした」

〈neither、none〉

準２級では否定表現がよく問われます。neitherは２者について使い、３者以上にはnoneを使います。

Carol has two sons, and neither of them is interested in video games.
「キャロルには息子が2人いるが、どちらもテレビゲームに興味がない」
Carol has three sons, and none of them is interested in video games.
「キャロルには息子が3人いるが、そのうちの誰もテレビゲームに興味がない」

〈「私も」の表現〉

相手が言ったことに対して「私も」と言うとき、肯定形ならSo do I、否定形ならNeither do I.と言います。

肯定形
I want to go swimming.「泳ぎに行きたいな」— So do I.「私も（行きたい）」

否定形
I don't want to go swimming.「泳ぎに行きたくないな」
— Neither do I.「私も（行きたくない）」

〈few、little〉

〈few＋可算名詞〉〈little＋不可算名詞〉で「～がほとんどない」という意味です。

The school has few foreign students.「その学校には留学生がほとんどいない」
The school has little money.「その学校には資金がほとんどない」

接続詞

従節の先頭に置く接続詞を従属接続詞と言います。筆記1ではこの従属接続詞が問われることがあります。空所のパターンは以下の2つです。

＊節とはS+Vを含む文のことです。

解くときは、主節と従節の意味関係がポイントになります。2つの節を読んで、因果関係なのか、相反する内容なのか、対比関係なのか、情報を追加しているのか、などを考えましょう。

以下は主な従属接続詞です。**太字**の接続詞が主に準2級の筆記1で押さえるべき語ですが、それ以外も重要なので覚えておきましょう。

〈因果関係〉

because、**as**、**since**「～なので」、**now that ～**「今や～なので」

As it was a hot day, we decided to stay at home instead of going shopping.

「暑い日だったので、買い物に行かずに家にいることにした」

✎〈As ＋理由, 結果〉の関係です。筆記1ではAsが空所になり、因果関係であることを理解することがポイントになります。

〈譲歩、対比、条件〉

although、**though**、**while**「～だけれども」、**even though [if]**「たとえ～でも」、**while**「～である一方で」、whether (or not)「～であろうとなかろうと」、if「もし～なら」、**unless**「もし～でなければ」、**as far [long] as ～**「～である限りは」、**in case (that) ～**「～の場合には」

Do you mind if I ask you a question?「質問してもよろしいでしょうか」

In case there should be any delay, please go without me.

「万一遅れた場合には、先に行ってください」

He will continue working as long as he is in good shape.

「彼は元気でいる限り、働き続けるだろう」

比べてみよう

He wants to work as long as possible.

「彼はできるだけ長く働きたいと思っている」

〈時〉

when「～のとき」、since「～して以来」、**as soon as ～**「～するとすぐに」、**as**「～するにつれて、～しながら」、**while**「～する間に」、**once**「一旦～したら」、until [till]「～まで（ずっと）」

She called her aunt as soon as she received a letter from her.

「彼女は叔母からの手紙が届いたらすぐに彼女（叔母）に電話をした」

付帯状況

筆記1で〈with＋名詞＋空所〉の形が出てきたら、次の2パターンを考えます。

①〈with＋A＋過去分詞〉「Aが〜された状態で」

A man was sitting with his legs crossed.「男性が脚を組んで座っていた」

✎his legs were crossed（受動態）の関係なので過去分詞。

②〈with＋A＋現在分詞〉は「Aが〜している状態で」

She was nervous with so many people watching her.

「とても大勢の人が自分を見ていて彼女は緊張していた」

✎people were watching her（能動態）の関係なので現在分詞。

接続詞・疑問詞・関係詞

筆記1で、選択肢に接続詞・疑問詞・関係詞のような語が並ぶパターンがあります。このタイプの問題では、空所に入る語が接続詞なのか、疑問詞なのか、関係代名詞なのか、関係副詞なのかを見極めます。

I visited the town where my father grew up.「父親が育った町を訪れた」

1 that　2 what　3 where　4 why

✎正解のwhereは疑問詞「どこで」ではなく、関係副詞です。なお、準2級でも、I started playing the piano when I was five.「私は5歳のときにピアノを弾き始めた」のような易しい文法も出ることがあります。これは関係副詞ではなく接続詞のwhenですね。落ち着いて英文を読みましょう。

関係代名詞 what

準2級で初めて出る関係代名詞にwhatがあります。「何」ではなく、「〜こと［もの］」という意味です。筆記1では動詞の目的語にくる用法を押さえましょう。

whatの節がunderstandの目的語になる

The students (S) could not understand (V) what the teacher said (O).

「生徒たちは先生が言うことを理解できなかった」

形式主語・形式目的語

〈形式主語〉

形式主語の用法は以下の３つを覚えましょう。Itは仮(かり)の主語で、それぞれto不定詞とthat節が真主語です。

① 〈It is ～（for＋A）to ...〉「（Aにとって）…することは～だ」

It was hard for him to make it alone.「彼(かれ)がそれを１人で作るのは大変だった」

② 〈It is ～ of 人＋to ...〉「…するとは（人）は～だ」

It was kind of you to pick her up at the airport.

「空港に彼女(かのじょ)を迎(むか)えに行くとは、あなたは親切だった」

③ 〈It is ～ that ...〉「…することは～だ」

It is unfair that Tom takes long vacations during the busy season.

「繁忙(はんぼう)期にトムが長期休暇(きゅうか)を取るのは不公平だ」

〈形式目的語〉

形式目的語の用法は以下の２つを覚えましょう。itが仮の目的語で、それぞれto不定詞とthat節が真の目的語です。itが空所になる可能性(かのうせい)もあります。

① 〈think [find, makeなど]＋it＋～（for＋A）＋to ...〉

I thought it better to tell him the truth.「彼に真実を話したほうがよいと思った」

This makes it easier for them to communicate.

「これによって、彼らはコミュニケーションを取りやすくなる」

② 〈think [find, makeなど]＋it＋～＋that ...〉

I found it convenient that passengers could pay without cash.

「乗客が現金(げんきん)がなくても支払(しはら)いができるのは便利だと思った」

seemの文

seemの文は、後にto不定詞がくる形と、It seems that SVの形を覚えましょう。to不定詞が完了形の場合もあります。

He seems to have a bad cold.「彼はひどい風邪(かぜ)をひいているようだ」

= It seems that he has a bad cold.

He seems [to have caught] a bad cold.「彼はひどい風邪をひいたようだ」
= It seems that he (has) caught a bad cold.

間接疑問

3級でも出る間接疑問文ですが、準2級でも出るのでしっかりと復習しましょう。選択肢には疑問詞が並び、文脈に合う疑問詞を選びます。

A: Do you know [why] Jack looks down?
B: I hear his piano contest didn't go well.
1 what　2 why　3 when　4 how

A「ジャックはどうして落ち込んでいるの？」
B「ピアノのコンクールがうまくいかなかったらしい」
✎Bの発言がlooks downの理由になっているので、whyが正解です。

使役動詞・知覚動詞

〈使役動詞〉

① 〈make＋O（人）＋動詞の原形〉「Oに～させる」
He always makes us [laugh].「彼はいつも私たちを笑わせる」

② 〈let＋O（人）＋動詞の原形〉「Oに～させる、(許可して) Oに～させてやる」
My mother won't let me [have] a part-time job.「母がバイトをさせてくれない」
③ 〈have＋O（人）＋動詞の原形〉「Oに～してもらう」
④ 〈have＋O（物）＋過去分詞〉「Oを～してもらう」
I had my father [repair] my bike.「私は父に自転車を修理してもらった」
= I had my bike [repaired] (by A).「私は（Aに）自転車を修理してもらった」

〈知覚動詞〉

① 〈see＋O＋動詞の原形〉「Oが～するのを見る」
② 〈see＋O＋-ing形〉「Oが～しているのを見る」
I saw a flock of sheep [crossing] the road.
「私は羊の群れが道路を横断しているのを見た」
✎seeは、look atやhearなど「知覚」に関する動詞に置き換えられます。

不定詞・動名詞

他動詞には、to 不定詞を目的語に取るものと、動名詞を目的語に取るものがあります。

〈to 不定詞のみを目的語に取る動詞の例〉

□agree to *do*　～することに同意する
□decide to *do*　～することに決める
□expect to *do*　～することを予期［期待］する
□hope to *do*　～することを望む
□plan to *do*　～する計画を立てる
□promise to *do*　～する約束をする
□refuse to *do*　～することを断(ことわ)る

〈動名詞のみを目的語に取る動詞の例〉

□avoid *do*ing　～するのを避(さ)ける
□consider *do*ing　～するのを検討(けんとう)する
□enjoy *do*ing　～するのを楽しむ
□give up *do*ing　～するのをあきらめる
□keep on *do*ing　～し続ける
□mind *do*ing　～するのを嫌(いや)がる
□practice *do*ing　～するのを練習する

〈to 不定詞と動名詞のどちらも続き、意味が異(こと)なる例〉

□forget to *do*　～するのを忘(わす)れる
□forget *do*ing　～したことを忘れる
□remember to *do*　忘れずに～する
□remember *do*ing　～したことを覚えている

Don't forget [to bring] your hat.「帽子(ぼうし)を忘れずに持ってきなさい」
≒ Remember [to bring] your hat.
I'll never forget [staying] in Canada.「カナダに滞在(たいざい)したことを決して忘れません」

to不定詞・動名詞を用いた慣用表現

筆記1の最後のほうで慣用表現が出題されることもあります。to不定詞や動名詞の部分が空所になって、選択肢には動詞の変化形が並びます。

□have no time to *do*「～する時間がない」
□be busy *do*ing「～するのに忙しい」
□get used[accustomed] to *do*ing「～するのに慣れる」
□look forward to *do*ing「～するのを楽しみに待つ」
□It is no use *do*ing「～しても無駄である」
□spend（時間）*do*ing「～して（時間）を過ごす」

He spent the whole day building the bookshelf.
「彼はその本棚を組み立てるのに丸一日を費やした」

接続詞・前置詞

前置詞が空所になることもあります。接続詞と前置詞の用法を知り、適切に使い分けましょう。接続詞は後にSVが、前置詞は後に語句が続きます。

□before SV「～する前に」　before「～の前に」
□since SV「～して以来」　since「～以来」
□while SV「～する間に」　during「～の間に」

I watched three movies during the long flight.　⇒ whileではない
「私は長いフライトの間、映画を3本見た」

助動詞＋have＋過去分詞

〈must have＋過去分詞〉「～したに違いない」
〈may have＋過去分詞〉「～したかもしれない」

以下の用法は、主に後悔や非難の意味を表します。

〈should have＋過去分詞〉「～すべきだった（のにしなかった）」
〈could have＋過去分詞〉「～できた（のにしなかった）」

練習しよう！

本番形式で文法問題を解きましょう。

次の英文の（　　）に入れるのに最も適切なものを1, 2, 3, 4の中から一つ選び、その番号をマークしなさい。

(1) A: Are you going to the fireworks show on Sunday evening?
B: I wish I could, but I (　　　) a piano lesson around that time.

1 take　　2 was taking　　3 had taken　　4 will be taking

①②③④

(2) Ben has been complaining about toothache. His mother told him that he should have it (　　　) by a dentist.

1 checks　　2 to check　　3 checked　　4 checking

①②③④

(3) A: There are few freshmen joining our new basketball club.
B: Yeah. (　　　) more members, we could make two teams to play a game.

1 Among　　2 With　　3 Much　　4 For

①②③④

解答・解説

(1) 正解　4

訳　A：日曜日の晩の花火大会に行く？

B：行けたらいいんだけど、その時間はピアノのレッスンを受けているの。

解説　述語動詞の問題。話題は日曜日の花火大会。Are you going ...? は近い未来を表している。Bのaround that timeは今度の日曜日の花火大会の時間帯のことで、未来を表すwill be takingが正解。will be -ingは未来の一時点で進行している動作を表す。なお、BのI wish I could.は仮定法過去の用法で、「行けたらいいのだけど（行けない）」という状況を表している。

(2) 正解　3

訳　ベンはずっと歯の痛みを訴えている。彼の母は、歯科医に診てもらうべきだと彼に言った。

解説　使役動詞の問題。空所前のitはtoothacheのことで、toothacheとcheckの関係を考える。〈have＋O（物）＋過去分詞〉「Oを～してもらう」の文で、過去分詞のcheckedが正解。空所後のbyに着目して「歯科医によって検査される」という受動の意味だと分かれば過去分詞が選べるだろう。

(3) 正解　2

訳　A：私たちの新しいバスケットボール部にはほとんど新入生が入ってこないね。

B：うん。部員が増えたら、2チーム作って試合ができるのに。

解説　仮定法の問題。空所は文頭にあり、直後に「より多くの部員」という語句が続く。その後のwe could makeの助動詞の過去形couldに着目して、仮定法過去の文だと見抜こう。withは仮定法で用いると「～があれば［いれば］」という意味になり、Withを入れると文意が通る。「2チーム作れるほどの人数がいない」という現在の事実に反して仮定法が用いられている。

練習しよう！

(4) A: Wow. You have so many comic books. It must have taken a long time (　　　) all of these.
B: Not really. I've been buying at least five comics a month.

1 collected　2 collecting　3 to collect　4 have collected

①②③④

(5) (　　　) a flashlight, Robin walked into the dark room.

1 Holding　2 To hold　3 Hold　4 Held

①②③④

(6) Recently, Roger has been busy with his work. Although he loves his job, he feels sad to spend less (　　　) less time with his family.

1 or　2 on　3 nor　4 and

①②③④

(7) Kate studied very hard yesterday for today's exam. However, (　　　) she stayed up until 3 a.m., she was too tired to concentrate on the exam.

1 unless　2 as　3 although　4 once

①②③④

解答・解説

(4) **正解 3**

訳 A：わあ。すごくたくさんの漫画を持っているのね。これらを全部集めるのには時間がかかったでしょう。

B：そうでもないよ。月に少なくとも5冊は買っているからね。

解説 不定詞の問題。〈It takes＋（時間）＋to＋動詞の原形〉「～するのに（時間）がかかる」と〈must have＋過去分詞〉「～したに違いない」の組み合わせになっている。主語がItのときは、「それ」を表す指示語なのか、そうでないのかを見極めよう。

(5) **正解 1**

訳 懐中電灯を手に握り、ロビンは暗い部屋の中へ入っていった。

解説 分詞構文の問題。Robin was holding a flashlightという能動の関係がふさわしいので、現在分詞のHoldingが適切。

(6) **正解 4**

訳 最近、ロジャーは仕事でずっと忙しい。彼は自分の仕事が大好きであるものの、家族と過ごす時間がますます減っていることを悲しんでいる。

解説 比較の問題。〈比較級＋and＋比較級〉で「ますます」という意味。ここでは仕事で忙しくなった結果、家族との時間が「減っている」という意味がふさわしいので、less and less time「ますます少ない時間」となる。

(7) **正解 2**

訳 ケイトは今日の試験のために、昨日とても一生懸命に勉強した。しかし、午前3時まで起きていたので、あまりに疲れて試験に集中できなかった。

解説 接続詞の問題。〈(接続詞) 従節, 主節.〉の構造で、従節と主節の意味関係から考える。「午前3時まで起きていた」は「あまりに疲れて試験に集中できなかった」原因なので、因果関係を表すas「～なので」が適切。

unless「もし～でなければ」、although「～だけれども」、once「一旦～したら」

筆記２に入る前に、
ちょっとひと休み♪

Reading

筆記 2 会話文の文空所補充(ほじゅう)

筆記2の出題形式

筆記

問題	出題形式		問題数
2	会話文の文空所補充	会話文の空所に適切な文や語句を補う。	5問

筆記2は2人の話者による会話文を読んで、空所に適切な文や語句を補う形式の問題です。

問題数：ABABの会話に空所が1つ（3会話）
ABABABABの会話に空所が2つ（1会話） } **5問**

選択肢：4つ

目安となる解答時間：8分

空所となる文や語句の種類は、大きく分けて次の3パターンがあります。この3つの観点で後ほどLet's TRYに取り組みます。

① 疑問文が入る問題

② 疑問文の応答部分が入る問題

③ 質問⇒応答以外のやり取りの問題

◆①は、空所後の質問に対する応答内容を理解すること、②は、空所前の疑問文の内容を理解することがポイントになります。ただし、①②のパターンとも、空所前後の内容だけでは正解が選べない場合が多く、全体を読んで流れをつかむ必要があります。③は、疑問文⇒応答の流れではないため、話し手の発言内容から要望、依頼、同意、提案、謝罪、励ましなどをくみ取ります。

①～③共通して、文全体が空所になる場合と、I heard that you (　　　　).や..., but (　　　　).のように、文の一部が空所になる場合があります。

◆会話は友達同士、親子、客とスタッフ、先生と生徒などのパターンが典型です。これはリスニング第1部、第2部も同じですので、話者の種類として覚えておきましょう。

筆記2の傾向・対策

Q：筆記1の会話との違いは？

A：筆記1でもABの会話が出題されますが、筆記1はあくまで語彙力を試すものなので、単語や熟語の意味を知っているかどうかにかかっています。一方、筆記2は選択肢が語句や文節になり、会話の「文脈」を理解しないと解けません。「質問⇒返答」「提案・意見⇒同意・賛成」「お願い⇒受諾・拒否」といった単純な流れの他、「結局どうすることに決まった？」「変更前と変更後の違いは？」といった会話独特の流れ、文脈を理解することが重要になります。

Q：会話文を読むコツは？

A：言うまでもなく、会話表現をたくさん知っていることが重要です。84ページに会話表現をまとめていますので、覚えましょう。リスニングにも役に立ちます。準2級では、基本的な会話表現を知っていれば大丈夫です。ネイティブ独特の言い回しやスラング、難解で遠回しな表現が理解できなければ解けない問題は出ません。I'm sorry, but ...などの展開を表す表現に注意しながら、会話の流れ、文脈をしっかりと把握しましょう。

また、会話文だけでなくどんな英文にも共通しますが、he/sheやthem、it、soなどの代名詞や指示語が指す内容を特定することが重要です。英文を読むときは常に「このitは何かな？」と考えながら読みましょう。

では、次のページから筆記2の問題を詳しく見ていきます。

Let's TRY

ポイント1 疑問文が入る問題は続く応答に注目しよう

A: Jackson's Restaurant. May I help you?
B: Hello. I'd like to make a reservation for lunch tomorrow.
A: Well, we're almost fully booked tomorrow, but (　　　　)?
B: We're meeting some clients, so I'm looking for a place that has a private room for six people.

1 what time would you like
2 how many people are coming
3 what type of dishes do you want
4 have you been here before

最初のやり取りから、レストランの店員とお客の会話だね。

いいね！　友達同士、親子、店員と客のように、誰と誰が会話をしているのかをイメージするのは重要なこと。Aが店員、Bが客ね。Jackson's Restaurant.のように店名や社名で始まる場合は、電話の会話よ。Hello.「もしもし」も手がかりになるわね。じゃあ、この客はどうして電話をかけているのかな？

I'd like to ... のところからランチの予約をしたいんだね。

そう！　空所は店員のセリフにあるわね。店員はどんな質問をした？

「明日はほとんど埋まっておりますが～」に続くのはどれか、ということだね。1の「何時がご希望ですか」が合いそうだ！

ちょっと待って。確かに予約の問い合わせで時間を尋ねるのは自然だし、英文としても前からの流れには合うけど、その後のBの応答の内容をちゃんと読んで。

そっか。ええっと…、会合があって6人用の個室を希望しているのか。しまった！　予約時間を答えていない。答えは人数を尋ねる2かな。

正解！「前からの流れに合うけど、後ろには合わない」というパターンの問題がよくあるので、英文は最後までしっかりと読もうね。それと、この問題では文末のfor six peopleが決め手だったね。質問に対する応答が重要と言っても、ヒントが空所直後にあるとは限らないので、注意しようね。

訳　A「ジャクソンズレストランです。ご用件をお伺いします」
B「もしもし。明日のランチを予約したいのですが」
A「ええと、明日はほとんど予約が埋まっておりますが、何名様ですか」
B「数名の顧客と打ち合わせをするので、6人用の個室がある場所を探しています」

1「何時がご希望ですか」
2「何名様ですか」
3「どんなお料理がご希望ですか」
4「以前こちらに来られたことはありますか」

（正解　2）

Let's TRY

ポイント2 **疑問文の応答部分が入る問題でも、その後の展開に注意**

A: You look sleepy today, Sayaka. What's wrong?
B: (　　　　) all weekend.
A: Wow, you must have been very tired.
B: Yes, but I'm happy because she likes her new place.

1 I stayed at home
2 I studied hard for a test
3 I helped my grandmother move
4 I made a cake for my mother

友達同士の会話かな？

そう、Bがサヤカね。空所はWhat's wrong?という質問の応答部分にあるわよ。

サヤカは眠そうで、その理由を答えている部分かな？　空所後にall weekend「週末の間ずっと」とあるから、それに合う内容は…

選択肢を見てごらん。all weekendだけでは1つに決まらないよ。

えー？　ほんとだ。どれも入りそうだなぁ。

その後のやり取りにヒントがあるのよ。you must have been very tiredとあるから、サヤカはきっと疲れることをしたのね。それでも2、3、4のどれも入りそうだわ…。

ふむふむ。最後のサヤカの発言にsheって出てくるぞ。これは誰だ？ 選択肢でsheに当たりそうな人は、3のgrandmotherか4のmotherかな。

いいところまできたよ！　最後のher new placeを考えてごらん。

her new placeは引っ越し先のことじゃないかなぁ…。3が正解？ きっとサヤカは祖母の引っ越しを手伝って疲れたんだねぇ。

答えが出たね。空所後にheやshe、herなどが出てきたらそれは誰のことなのか、itやthem、soがあればそれが指すものを選択肢の中から探そう。そしてこの問題の場合、her new placeが決め手になるよ。her new placeを、正解の3ではmove「引っ越す」と表しているんだね。

訳　A「今日は眠そうだね、サヤカ。どうしたの？」
B「週末の間ずっと祖母の引っ越しの手伝いをしたの」
A「わあ、すごく疲れているに違いないね」
B「ええ、でも彼女が新居を気に入っているから嬉しいわ」

1「私は家にいた」
2「私は一生懸命テストの勉強をした」
3「私は祖母の引っ越しを手伝った」
4「私は母のためにケーキを作った」

✎2と4は、空所後のyou must have been very tiredまでは合いますが、最後のBのセリフに合わないので、注意しましょう。

（正解　3）

Let's TRY

ポイント3 質疑応答以外のパターンは話者の意図をつかもう

A: How can I help you?
B: I hear your strawberry cake is delicious. (   ).
A: I'm sorry, but they're so popular that we've already sold out today.
It's best to order online.
B: I see. I'll try that.

1 I'd like to have one
2 I have a question
3 I want to know the recipe
4 I ordered some online

空所の前後も選択肢も、これまでのような疑問文じゃないねぇ。

そう。でも、「話し手の言いたいこと」が分かれば大丈夫。まずは、どんな場面なのかを確認しよう。

How can I help you? は店員のセリフだね。Bはおいしいイチゴのケーキの噂を聞いて店にやって来たお客だ。空所前の文からすると、選択肢はどれも入りそうだね。こんなときは、空所後のセリフにヒントがあるんだったよね。

その通り。店員はI'm sorryと謝っているよね。つまり、B（客）にとってよくない知らせがあるということね。

なるほど～。そういう風に流れをつかんでいくんだね。「人気ですぐに売り切れる」ということは、「ケーキは売り切れて店にない」ということだよね。そうすると、イチゴのケーキが欲(ほ)しいという内容(ないよう)の1が正解かな？ 1のoneはa strawberry cakeのことだよね。

筆記2

その通り！ oneなどの代名詞が何を指しているかを理解(りかい)することも大事よ。

訳 A「いらっしゃいませ」

B「ここのイチゴのケーキがおいしいと聞きまして。1ついただきたいのですが」

A「申し訳(わけ)ありませんが、そちらはとても人気で今日はもう売り切れてしまいました。インターネットで予約されるのが最善(さいぜん)です」

B「そうですか。そうしてみます」

1「1ついただきたいのですが」

2「質問があります」

3「レシピを知りたいです」

4「ネットでいくつか注文しました」

✎4は、ケーキをネットで予約注文して取りに来た場面であればあり得(え)ますが、続くA（店員）のセリフの内容に合いません。「ネットで注文した」と言っているのに「ネットで注文できますよ」と教えるのは流れがおかしいですね。会話中に出てくる語句を含(ふく)む選択肢に惑(まど)わされないように注意しましょう。

（正解 1）

練習しよう！

本番形式で筆記2の問題を解(と)きましょう。

次の会話文を完成させるために、(　　) に入るものとして最も適切(てきせつ)なものを1, 2, 3, 4の中から一つ選び、その番号をマークしなさい。

(1) A: Excuse me. I've left my bag on the train. My passport is in it.
B: (　　　)?
A: It's brown with a white pocket in front. I got on the 2:40 train.
B: All right. I'll contact the office right away.

1 Could you describe the bag
2 Where did you get on the train
3 Where are you from
4 Can I have your name

①②③④

(2) A: Mom, can I go and play at the park?
B: You can, Jim, but (　　　).
A: Really? I don't mind getting wet, but I'll come back home if it gets too cold.
B: You should.

1 do your homework first
2 you have a swimming lesson
3 it's going to snow
4 your uncle is coming

①②③④

解答・解説

(1) 正解　1

訳　A：すみません。電車内にバッグを置き忘れました。中にパスポートが入っています。

B：バッグについて説明してもらえますか。

A：茶色で、前に白いポケットがあります。2時40分の電車に乗りました。

B：分かりました。すぐに事務室に連絡します。

1「バッグについて説明してもらえますか」

2「どこで電車に乗りましたか」

3「出身はどちらですか」

4「お名前をいただけますか」

解説　車内にバッグを置き忘れた人と駅係員との会話。選択肢はどれも前の流れと合いそうだが、空所後でバッグの見た目を説明していることから、係員の質問としては1が適切。

(2) 正解　3

訳　A：お母さん、公園へ遊びに行ってもいい？

B：いいけど、雪が降りそうよ、ジム。

A：そうなの？　僕はぬれてもいいけど、寒くなりすぎたら家に帰るね。

B：そうしなさい。

1「先に宿題をしなさい」

2「水泳のレッスンがあるわよ」

3「雪が降りそうよ」

4「叔父さんが来るわよ」

解説　母親と息子の会話。母親のYou canは「公園へ遊びに行ってもいいよ」という意味。その後にbutがあるので、後には対立する内容が続く。息子の「ぬれてもいい」「寒くなりすぎたら帰る」から考えて、3が正解。I'm sorry, but ...、I want to, but ...、You [We] can, but ...のようなbutのニュアンスに注意して読んでいると、リスニングでも意識できるようになる。

練習しよう!

長い会話に空所が2つあるパターンの問題を本番形式で解きましょう。

A: Excuse me. Could you tell me how to get to Hillside Stadium?

B: You can take the No. 5 bus over there. The next bus will leave in 15 minutes.

A: Well, the soccer game starts in 20 minutes. (1)?

B: In that case, you should take a taxi. It'll take more than 20 minutes to walk there.

A: I see. I'll take your advice, then.

B: You can (2). I hope you make it and enjoy the game.

A: Thank you for your help.

B: It's my pleasure.

(1) 1 How much is the fare
2 Where is the bus stop
3 Is it faster on foot
4 What time is the last bus

①②③④

(2) 1 watch a game on TV
2 buy a bus ticket here
3 wait for the next bus
4 get one over there

①②③④

解答・解説

訳　A：すみません。ヒルサイド競技場への行き方を教えていただけますか。

B：あそこの5番バスに乗ったらいいですよ。次のバスは15分後に発車します。

A：ええと、サッカーの試合が20分後に始まります。歩いて行ったほうが早いでしょうか。

B：それなら、タクシーに乗るほうがいいです。そこまで歩いて行くのに20分以上かかりますよ。

A：そうですか。じゃあ、おっしゃるようにします。

B：あそこでタクシーに乗れますよ。間に合うといいですね。試合を楽しんでください。

A：助けていただき、ありがとうございます。

B：どういたしまして。

(1)　**正解　3**

訳　1「運賃はいくらですか」　　2「バス停はどこですか」

3「徒歩のほうが早いですか」　　4「最終バスは何時ですか」

解説　バスターミナルでの観光客と係員との会話。「試合が20分後に始まるので15分後に発車するバスでは間に合わない」という話者の状況を理解しよう。空所後の係員の応答から、バスではなく徒歩で行くほうが早いかどうかを尋ねる3が適切。walkとon footの同意表現も確認しておこう。

(2)　**正解　4**

訳　1「テレビで試合を見る」　　2「ここでバスの切符を買う」

3「次のバスを待つ」　　4「あそこでタクシーに乗る」

解説　前のyour adviceは「タクシーに乗っていくこと」で、Aはそのアドバイスに従うことにした。4のoneはa taxiのことで、タクシーが乗れる場所を教える4が流れに合う。バスでも徒歩でもなくタクシーで行くことにした、という会話のオチを押さえよう。

準2級で重要な会話表現

準2級で問題に会話形式が用いられるのは、筆記1、筆記2、リスニング第1部、第2部です。重要な会話表現をまとめましたので、覚えましょう。

〈誘う・提案する〉

□How about ～?　～はどうですか

□How about -ing?　～しませんか

□Do you want to ～? / Would you like to ～? / Can [Shall] we ～?
～しませんか

□Why don't we ～?　（一緒に）～しませんか

□Why don't you ～?　（相手が）～してはどうですか

□Would you like ～?　～はいかがですか（物を勧める）

〈お願いする〉

□Can you ～?　～してもらえますか

□Could you ～?　～していただけますか

●メールなど書き言葉で丁寧に依頼する表現●

□I wonder if you could ～　～していただけないでしょうか

□It would be great if you could ～ / I would appreciate it if you＋過去形
～していただけるとありがたいです

〈許可を求める〉

□Can I ～?　～してもいいですか

□May I ～?　～してもよろしいですか

□Do you mind if I ～?　～してもかまいませんか

〈申し出る〉

□Do you want me to ～? / Would you like me to ～?　～しましょうか

Reading

筆記 3 長文の語句空所補充

筆記3の出題形式

筆記

問題	出題形式		問題数
3	長文の語句空所補充	パッセージの空所に文脈に合う適切な語句を補う。	5問

筆記3は長文を読んで、空所に合う適切な語句を選択肢から選ぶ形式の問題です。

問題数：長文A　2問
　　　　長文B　3問　}**5問**

目安となる解答時間：15分

出題される英文はA、Bの2つあります。

筆記3A　「架空の人物のエピソード」 150語程度　2段落構成

筆記3B　「説明文」 250語程度　3段落構成

この空所補充問題は、準2級から初めて出題される問題形式です。英文は長くなったものの、Aの問題は架空の人物のエピソードなので、筆記2の会話の空所補充問題がストーリーになった、くらいの気持ちで取り組めば大丈夫です。

A、Bともに、各段落に空所が1つずつあり、基本的にはその段落の文脈が理解できたら正解が選べるようになっています。よって、段落ごとに要点をつかみながら選択肢を検討して正解を選んでいくとよいでしょう。

筆記3の傾向・対策

Q：選択肢はどんなもの？

A：筆記2の会話の空所補充と比べると、筆記3の選択肢は比較的短いです。空所に入る語句は、文の述部やto不定詞など動詞の部分が多く、その他、主語や目的語などの名詞句、副詞句も空所になります。選択肢の語句は文法的にはどれも空所に入り得るので、文脈で正誤を判断します。

Q：長い文章を読むコツは？

A：文章中のitやthat、oneなどの語句が指す内容を理解しながら読みましょう。また、however、for example、as a resultなどの「論理マーカー」（話の流れや展開を示す表現）がポイントになります。これらは英作文やリスニングでも重要になります。104～106ページにまとめていますので、しっかりと学習しましょう。

Q：長文の語彙レベルは？

A：筆記1は、単語・熟語を知らないと解けないですが、筆記2以降は、文脈の理解が問われます。読んでいて知らない単語に出会っても焦る必要はありません。前後の文脈で「推測する」習慣をつけましょう。読み進めると意味が分かる場合もあります。

とは言え、準2級相応の語彙力がなければ長文の内容が理解できません。筆記3A「人物のエピソード」は比較的易しい文章なので、知らない単語があれば取り出して、覚えましょう。筆記3B「説明文」の場合、1つの文章中に知らない単語が3つくらいあっても大丈夫です。それ以上ある場合は、それらの単語を覚え、語彙力を強化しておきましょう。

では、次のページから、筆記3A、3Bの順に、段落単位で問題に取り組んでいきます。

Let's TRY

ポイント1 itやthemが指す内容に注意しよう

Trying Something New

Hannah loves reading very much. She reads both fiction and non-fiction whenever she has free time. One day, however, when she read a short novel, she did not like how the story ended. It was the first time she felt confused after finishing a book. She (　　　) and decided to write it down.

1 read the book again
2 stopped reading novels
3 sent a letter to the author
4 thought of a different ending

さあ、今日から長文を読んでいくわよ。まずはタイトルを見て、文章の内容を「予測」して。そして、第1文から登場人物を押さえるのよ。

タイトルは「何か新しいことを始める」という意味かな？　本文はHannah loves ... で始まっているから、ハナが主人公だね。だから、ハナが何かに挑戦する話かな？

いいね！　じゃあ、空所がある箇所まで一気に読んでみよう。

ふむふむ、ハナちゃんは読書が好きなのね。でも、however以下のところからなんか話の流れが変わったみたい。

そう！　このhoweverのようなものは「論理マーカー」と呼ばれていてすごく大事なの。話の流れはどのように変わったかな？

ハナは小説のオチが気に入らなかったみたいだね。confusedの意味は分からないけど、文脈からネガティブな意味じゃないかな。

いいね！　長文を読むときは、知らない単語に出会っても「推測」しながら読み進めるのが大事。howeverの後、did not likeとあるから、ネガティブな話が続くと想像しよう。さて、空所は主語Sheの後だね、ここでは、述部が問われているよ。

1を入れて「彼女はその本をもう一度読んだ」で意味がつながるよ。

前からの流れは合うかもしれないけど、空所の後ろもちゃんと見て。

itがあるわ。「それを書き留めることにした」という意味よね。このitが指す内容が空所の中にあるんじゃないかしら。

なるほど。小説のオチが気に入らなかったんだから、4を入れたらa different ending＝itで「違う結末を書き留めた」となって、意味が通るね。4が正解だ！

その通り！

訳　新しいことに挑戦

ハナは読書が大好きだ。彼女は空いた時間があるときはいつでも小説とノンフィクションの両方を読む。しかし、ある日、彼女がある短編小説を読んだとき、物語の終わり方が気に入らなかった。本を読んだ後に困惑したのは初めてだった。彼女は違う結末を考えつき、それを書き留めることにした。

1「その本をもう一度読んだ」　2「小説を読むのをやめた」
3「著者に手紙を送った」　4「違う結末を考えついた」

（正解　4）

Let'sTRY

ポイント2　to不定詞部分が空所の問題を解こう

Hannah realized that it was a lot of fun to write her own ideas. She could change the story as she liked. Since then, she has written a lot of fiction. She especially likes writing about animals and children because she has a little sister and a pet dog. Now Hannah wants to (　　　) in the future.

1　have another pet
2　be a picture book writer
3　read more non-fiction
4　teach children

さっきの文章の後半を読むわよ。段落が変わっても第1文に重要なことが書いてあるから意識して読んでね。

ハナは結末を書きかえて、とても楽しかったみたいだね。「そのとき以来、たくさんの小説を書いている」という文の後、具体的に何について書くのが好きか説明されているよ。

そうだね。さあ、空所を見よう。空所はHannah wants toの後にくる動詞部分が問われているわよ。さっきはSheの後の述語動詞の部分が空所だったけど、この問題のように、want toやdecide toのようなto不定詞の部分が空所になるパターンもよくあるから覚えておいてね。

前の文に「妹と犬がいるから動物と子供について書くのが好き」とあるね。ハナは将来、絵本作家になりたいんじゃないかな。答えは2？

正解！　1や4もハナの望みとしてはあり得るけど、「読書が好き」「書くのも好き」という話に合わないよね。「ハナは読書が好き」⇒「物語を書くのは楽しいと気づいた」⇒「特に動物と子供について書くのが好き」⇒「将来の夢（＝絵本作家になりたい）」という流れをつかもう。

訳　ハナは、自分の考えを書くのはとても楽しいことに気づいた。彼女は自分の好きなようにストーリーを変えることができたのだ。それ以来、彼女は多くの物語を書いている。彼女には妹がいてペットの犬を飼っているので、動物と子供について書くのが特に好きだ。今、ハナは、将来絵本作家になることを望んでいる。

1「別のペットを飼う」
2「絵本作家になる」
3「ノンフィクションをもっと読む」
4「子供を教える」

✎ここでちょっと文章の時制に焦点を当てて見てみましょう。第1段落は、冒頭で現在時制を用いてハナの紹介をした後、One dayから過去時制になり、過去の出来事の話が始まりましたね。第2段落ではその過去の話が続き、Since then, she has written ... という現在完了（つまり、過去から現在へつながる内容）をはさんで、She especially likes ... 以降は現在時制に戻ります。そして、最後のNow Hannah wants ... の文は、時制は現在ですが、in the futureがあり、未来の話で終わっています。ストーリーを読むときは、このように、時制の変化を意識して流れをつかみながら読み進めましょう。

（正解　2）

筆記3

Let's TRY

ポイント3 知らない語があっても読み進めよう

A Child Sharing Videos

In 2015, a young boy named Ryan asked his mother, "Why don't I have videos on the Internet when all the other kids do?" Ryan watched other children talking about their toys on a video sharing site, and he wanted to do the same. His mother decided to take a risk. She (　　) as a chemistry teacher, and started to help Ryan build a channel on the site.

1 became famous
2 sold many toys
3 quit her job
4 was chosen

次に、筆記3Bの説明文を読んでみるわよ。空所の埋(う)め方は同じよ。

タイトルから、ビデオを共有する子供(こども)の話かな？　第1文から、主人公はライアンという子だ。

ライアンは他の子供と同じように自分もネットでビデオを共有したかったのね。do the sameはtalk about their toys on a video sharing site「ビデオ共有サイトでおもちゃについて話す」ことね。

これってきっとYouTubeみたいなサイトのことだね。空所前のtake a riskがヒントになりそうだけど、意味が分からない…

ゴン太、そういうときは、とりあえず続きを読む！　文脈で分かることがあるわよ。

「母親は化学教師として～した」？　うーん…どの選択肢も入りそうな…

まだまだ。その後も読んでみて。

母親は「ライアンがビデオチャンネルを作るのを手伝い始めた」ということよね。

そうか！　お母さんは、ライアンを手伝うために先生を辞めたんだ。だから3が正解だね！

そう！　take a riskは「危険を冒す、リスクを負う」という意味。これを知っていると空所に入る語句が選びやすいけど、知らなくてもとりあえず続きを読み進めるの。1つの単語や表現を知らないから解けない、ということはないから、簡単にあきらめないでね。

訳　ビデオを共有する子供

　2015年、ライアンという少年が母親に、「他の子供はみんな持っているのになんで僕はネットにビデオがないの？」と尋ねた。ライアンはあるビデオ共有サイトで他の子供が自分のおもちゃについて話しているのを見て、同じことをしたいと思った。彼の母親はリスクを負うことに決めた。彼女は化学教師の仕事を辞め、ライアンがそのサイトでチャンネルを作るのを手伝い始めた。

1「有名になった」

2「たくさんのおもちゃを売った」

3「仕事を辞めた」

4「選ばれた」

（正解　3）

Let's TRY

ポイント4 動詞の目的語を選ぶ問題を解いてみよう

It was a success, but Ryan and his family didn't stop there. His parents started working with a company that helped them build the channel. The company chose (　　　). Shortly after, another company helped them make a game app for smartphones. Still later, Ryan and his family worked with other companies to create a video game, and even a television show.

1　a better school for Ryan
2　gifts for small children
3　toys for Ryan to review
4　children to appear on it

さっきの文章の続き、第2段落の問題よ。

第1～2文を読むと…、ライアンがビデオチャンネルを作るのを家族や会社が助けたんだね。空所はThe company choseの後の目的語の位置にあるから、会社が何を選んだのかを考えたらいいのかな？

選択肢を空所に入れてみたけど、どれもThe company chose「その会社は～を選んだ」に合いそうだよ…。

確か、ライアンはビデオチャンネルでおもちゃについて話したかったんだよね？　だから3が正解じゃないかな？

私もそう思う。「その会社はライアンが評価するおもちゃを選んだ」という意味になるわね。そしてその後、another company や other companies と出てくるから、また他の会社が別の形でライアンたちを手伝った、と話がうまくつながるわ。

よくできました！　この問題は動詞の目的語部分が空所だったけど、他にも主語の部分や補語の部分が空所になることもあるから覚えておいてね。

筆記3

訳　それは成功したが、ライアンと彼の家族はそこで終わらなかった。彼の両親は、そのチャンネルの制作を手伝ってくれる会社と協力し始めた。その会社は、ライアンが評価するためのおもちゃを選んだ。その後すぐに、別の会社が、彼らがスマートフォン用のゲームアプリを作るのを手伝った。さらにその後、ライアンと彼の家族は他の会社とも協力し合い、ビデオゲーム、さらにはテレビ番組を作った。

1「ライアンのためのよりよい学校」
2「小さい子供への贈り物」
3「ライアンが評価するためのおもちゃ」
4「それに出演する子供たち」

✎4のitは前の文のthe channelだと考えられますが、「会社がライアン以外の子供を選んだ」では話の流れに合いません。

（正解　3）

Let'sTRY

ポイント5 「論理マーカー」に着目しよう

Today, Ryan's channel is very popular. Ryan and his family make millions of dollars every year. However, their success is the result of two things. First is his family's trust. His parents took many risks that many other parents might not take. Second, Ryan chose to share ( ): the joy of opening and talking about a new toy. This is a sensation that almost everyone can understand, no matter how old.

1 toys made by himself
2 information about education
3 the way to start a business
4 a very simple feeling

第3段落はライアンのビデオチャンネルが今でも人気だという話ね。Howeverに着目して。howeverの後には重要な内容が書かれるの。

なるほど。their success is the result of two things「彼らの成功は2つのことの結果である」という前置きの後、two thingsの具体的な内容がFirst is ...、Second, ...で書かれているね。

1つ目は家族の信頼という内容ね。空所は2つ目のところにあるわ。shareの目的語になる名詞句が入るわね。

空所の直後に「コロン（:)」があるから、後ろに説明が続くんだよね。その後に手がかりがあるんじゃない？ the joy of ...「新しいおもちゃを開けてそれについて話す喜び」と、その後にa sensation that ...「何歳であってもほとんどの人が理解できる感覚」とある。

分かったかも。それらを一言で表した4の「非常に単純な気持ち」が合うんじゃない？

正解！　however、first、secondという論理マーカーを意識しながら読んでいけたかな？

訳　今日、ライアンのチャンネルはとても人気がある。ライアンと彼の家族は年間数百万ドルも稼いでいる。しかし、彼らの成功は2つのことの結果である。1つ目は、家族の信頼である。彼の両親は、他の多くの両親が負わないだろう多くのリスクを負った。2つ目は、ライアンが、新しいおもちゃを開けてそれについて話す喜びという、非常に単純な気持ちを共有することを選んだことである。これは、何歳であってもほぼ誰もが理解できる感覚である。

1「彼自身によって作られたおもちゃ」
2「教育に関する情報」
3「起業のしかた」
4「非常に単純な気持ち」

✎強調したいことを述べる前に前置きをすることがよくあります。この文章で言うと、their success is the result of two thingsが列挙する際の前置きです。他の例を紹介しましょう。

・There are several reasons for this.「これには理由がいくつかある」
・The most important thing is ～「最も重要なことは～」
・Another example is ～「別の例として～」

以上のような表現が出てきたら、後に続く「強調したいこと」をしっかりと読みましょう。また、I have an idea.「私に考えがあります」、I have something to tell you.「話があるんだけど」のように、会話でも同様の前置きの定型表現があります。

（正解　4）

筆記3

練習しよう!

本番形式で筆記3B（説明文）の問題を解いてみましょう。
次の英文を読み、その文意に沿って(1)から(3)までの（　　）に入れるのに最も適切なものを1, 2, 3, 4の中から一つ選び、その番号をマークしなさい。

What makes a language international?

A language becomes international for many reasons. The number of people who speak a language is one reason, but it is not the main reason. For example, thousands of years ago, the Roman Empire was huge, and included many different countries. Anyone who lived in the Empire spoke Latin, the language of the Romans. However, it was not because there were more Romans than other people, but because the Romans (1).

A language is only a tool that people use to communicate. If those people go all over the world, their language goes with them. Other people have to—or want to—speak the language of the people who have power. In addition to England, France, Spain, and the Netherlands are good examples of countries with power. People from these countries went overseas and (2) other countries. That is why there are French speakers in Canada, Spanish speakers in Mexico, and Dutch speakers in South Africa.

Some people may think that a language becomes international because it is easier to learn, or easier to use than other languages, but this is not true. All languages have parts that are different from other languages, and those differences make them seem difficult. However, in general, (3) to learn or use than any other language. It all depends on who the speakers of a language are, and how powerful their countries are, or were.

(1) 1 had more power
2 created many languages
3 were very intelligent
4 learned languages well

①②③④

(2) 1 went missing in
2 took over
3 made peace with
4 received support from

①②③④

(3) 1 Latin is actually harder
2 only one language is easier
3 English is probably harder
4 no language is easier

①②③④

◆覚えておきたい単語があれば書き出して、覚えましょう。

単語	意味
（例）main	主な

解答・解説

(1) **正解 1**

訳

1 had more power「より力を持っていた」
2 created many languages「多くの言語を作り出した」
3 were very intelligent「とても頭がよかった」
4 learned languages well「言語をよく学習した」

解説 タイトルと第1文を読んで、言語が国際的になる過程について説明した文章だと推測しよう。言語が国際的になるのは、「話者の数が理由の1つだが、それは主な理由ではない」と前置きした後、For exampleの後に主な理由、つまり「話者の数が多いからではない根拠」として、ローマ帝国の例が続く。空所を含む文は、ローマ帝国に住んでいた人が皆ラテン語を話した「理由」が書かれており、it was not because A, but because B「それはAだからではなく、Bだからだった」という構文。1を入れて「他よりもローマ人が多かったからではなく、ローマ人がより力を持っていたからだ」とすれば文脈に合う。more powerの後には前半のthan以下が省略されていて、the Romans had more power than other peopleということ。なお、第2～3段落にpower、powerfulという語が何回か出てくるが、これがこの文章のキーワードである。最後まで読むと、この空所(1)の正解had more powerの裏付けとなる。

(2) **正解 2**

訳

1 went missing in「～で行方不明になった」
2 took over「～を乗っ取った」
3 made peace with「～と和解した」
4 received support from「～から支援を受けた」

解説　第２段落は言語が他国に広がるしくみについての説明。空所を含む文のthese countriesは、その前の文のイングランド、フランス、スペイン、オランダのことで、これらの国の人々が外国に行って、他国をどうしたのかを考える。また、続く文のThat is why ～は「そういうわけで～」という意味で、Thatは前の内容を受けている。つまり、カナダにフランス語を話す人、メキシコにスペイン語を話す人、南アフリカにオランダ語を話す人がいる「理由」を考えると、「他国を乗っ取った」からである。よって、2が正解。

(3) **正解　4**

訳

1　Latin is actually harder
「ラテン語は実際～よりも大変である」

2　only one language is easier
「～よりも簡単な言語はたった1つである」

3　English is probably harder
「英語はおそらく～より大変である」

4　no language is easier
「～よりも簡単な言語は1つもない」

解説　第3段落は、「言語が国際的になるのは、他の言語よりも習得しやすい、または使用しやすいためだと考える人もいるかもしれない」⇒「それは違う」という流れで始まる。このa language becomes international「言語が国際的になる」はタイトルにある通り、この文章の主題であることを意識しながら読み進めよう。Howeverがあるのでその前後には相反する内容がくる。ここでは2つ前の文の、「言語は他の言語よりも習得しやすい［使用しやすい］」の反対の意味になるように、4を入れてno language is easier to learn or use than any other language「習得や使用が他のどの言語よりも簡単な言語は1つもない」とするのが適切。〈no＋名詞 is ＋比較級 than ～〉「～より…なものはない」という構文を確認しておこう。

訳

What makes a language international?

何が言語を国際的(こくさいてき)にするのか。

〈第1段落〉

A language becomes international for many reasons.

言語は多くの理由で国際的になる。

The number of people who speak a language is one reason, but it is not the main reason.

言語を話す人の数は理由の1つだが、それが主な理由ではない。

話者の数が理由ではない例が続く

For example, thousands of years ago, the Roman Empire was huge, and included many different countries.

たとえば、何千年も前、ローマ帝国(ていこく)は巨大であり、多くの国を含(ふく)んでいた。

Anyone who lived in the Empire spoke Latin, the language of the Romans.

帝国に住んでいた人は誰(だれ)もがローマ人の言語であるラテン語を話した。

However, it was not because there were more Romans than other people, but because the Romans (had more power).

しかし、それは他の人々よりもローマ人が多かったからではなく、ローマ人がより力を持っていたからだ。　＊「Aだからではなく B」の構造(こうぞう)でBを強調

〈第2段落〉

A language is only a tool that people use to communicate.

言語は、人々がコミュニケーションを取るのに使用する単なる手段(しゅだん)である。

If those people go all over the world, their language goes with them.

もしそういった人々が世界中に行けば、彼(かれ)らの言語は彼らについていく。

Other people have to—or want to—speak the language of the people who have power.

他の人々は、力のある人々の言葉を話さなければならない。もしくは話したいと思う。

In addition to England, France, Spain, and the Netherlands are good examples of countries with power.

イングランドに加え、フランス、スペイン、オランダが力のある国のよい例だ。

People from these countries went overseas and (took over) other countries.

前文の下線を指す

これらの国々の人々が外国に行き、他国を乗っ取った。

前文の内容

That is why there are French speakers in Canada, Spanish speakers in Mexico, and Dutch speakers in South Africa.

そういうわけで、カナダにフランス語を話す人、メキシコにスペイン語を話す人、南アフリカにオランダ語を話す人がいる。

〈第3段落〉

a language

Some people may think that a language becomes international because it is easier to learn, or easier to use than other languages, but this is not true.

that以下の内容を指す

言語が国際的になるのは、その言語が他の言語よりも習得しやすい、または使用しやすいためだと考える人もいるかもしれないが、これは真実ではない。

All languages have parts that are different from other languages, and those differences make them seem difficult.

すべての言語には他の言語とは異なる部分があり、それらの違いにより、難しく思える。

However, in general, (no language is easier) to learn or use than any other language.

しかし、一般的に言って、習得や使用が他のどの言語よりも簡単な言語は1つもない。

It all depends on who the speakers of a language are, and how powerful their countries are, or were.

すべては言語の話者が誰であるか、そして彼らの国にどれほど力があるか［あったか］による。

論理マーカー

「論理マーカー」は、話の流れや展開を示す重要な目印です。ディスコースマーカー（談話標識）と呼ぶこともあります。文を「読む」「書く」「聞く」「話す」上で非常に重要な知識なので、しっかりと学んでおきましょう。

〈逆接・譲歩〉

□but　しかし

□however　しかしながら

□nevertheless　それにもかかわらず

□still　それでもやはり

□although　～だけれども

□while　～だけれども

□even though [if]　たとえ～だとしても

□in spite of　～にもかかわらず　＝despite

□at first ～ but …　最初は～だったが…

□not A but B　Aではなく、B

□in fact　実際は

◆書き手の強調したいこと◆

butやhoweverの後には書き手・話し手の強調したいことが続きます。Although A, B.「Aだけれども、B」の構造では、Bの部分に強調したいことがきます。

◆in factの意味◆

in factは、話の展開を示す重要な表現の1つです。準2級では、以下の3つの用法を押さえておきましょう。いずれの場合も、in factの後に書き手・話し手の強調したいことが続きます。

① 前述の内容を補強「実のところ、実は」

例 I like classical music. In fact, I go to a concert every month.
「私はクラシック音楽が好きだ。実際、毎月コンサートに出かける」

② 前述の内容を否定「ところが実際は」

※butなどの逆接表現と一緒に使われやすい。

例 She was a good driver, but in fact, she didn't have a license.
「彼女は運転が上手だったが、実際は免許を持っていなかった」

③ 前述の内容を強調「それどころか、もっとはっきり言えば」

例 The pizza in that restaurant is delicious. In fact, it's the best I've ever eaten.「あのレストランのピザはとてもおいしい。はっきり言って、私が今まで食べた中で最高だ」

筆記3

〈例示〉

□for example　たとえば

□A such as B　(たとえば) BのようなA　＝like

□including　～を含めて

〈列挙〉

□first ～, second, ...　第1に～、第2に…

□first of all / to begin with　まず始めに

□one ～, another ...　1つは～、もう1つは…

〈追加〉

□also　～もまた　＝too

□furthermore / besides　さらに、加えて

□in addition / additionally　加えて

□in addition to　～に加えて

□not only A but also B　AだけでなくBも　＝B as well as A

＊Bに重点が置かれる

〈対比〉

□while　～である一方

□on the other hand　一方で

□some ～ others ...　～ものもあれば…ものもある

□compared to ～　～と比べると

□instead　代わりに　　□instead of ～　～の代わりに

□unlike　～とは違って　⇔　like　～のように

〈原因・結果・結論〉

□A because B　Bなので、A　＝B, so A

□because of / due to ～　～のために、～が理由で

□now that　今や～だから

□The reason (why) ～ is that ...　～の理由は…だ

□This is because ～　これは～だからだ

□therefore　したがって

□for this reason　この理由で

□because of this　この理由で

□That is why ～　そういうわけで～だ

□as a result　結果として

□so ～ that ...　とても～なので…

□too ～ to *do*　あまりに～なので…できない

◆同意文の確認◆

· It was so cold that we couldn't swim.

「とても寒くて私たちは泳げなかった」

≒ It was too cold for us to swim.

· The boat is so big that it can carry ten people.

「そのボートはとても大きいので10人を運べる」

≒ The boat is big enough to carry ten people.

「そのボートは10人を運べるほど十分に大きい」

Reading

筆記 4 長文の内容一致選択

筆記4の出題形式

筆記

問題	出題形式		問題数
4	長文の内容一致選択	パッセージの内容に関する質問に答える。	7問

筆記4は長文を読んで、内容に関する質問の答えとして正しいものを選択肢から選ぶ形式の問題です。

問題数：4A（Eメール）3問
　　　　4B（説明文）　4問　} 7問

目安となる解答時間：20分

出題される英文はA、Bの2つあります。

筆記4A　「Eメール」　200語程度　3段落構成

筆記4B　「説明文」　300語程度　4段落構成

3級でも出題されたEメールと説明文の読解問題です。設問の傾向や解き方はこの後詳しく見ていきますが、基本的に3級と同じで、英文のレベルが上がっただけと思えばよいです。

また、筆記3の空所補充と同様、Eメール・説明文ともに段落ごとに設問があるため、基本的にはその段落の文脈が理解できたら正解が選べるようになっています。

設問形式は、以下の2種類あります。

① 文の内容に関して、質問の答えとして最も適切なものを選ぶ

② 文の内容に関して、文を完成させるのに最も適切なものを選ぶ

筆記4の傾向・対策

Q：長文はどうやって読めばいい？

A：Eメールについては、まずEメールの構造を知っておきましょう。長文の読み方は、筆記3のときと同じです。特に以下の3点に注意しましょう。

① 文中のitやthat、oneなどの語句が指す内容を理解しながら読む
② 知らない単語があっても「推測」して先を読み進める
③ however、for example、as a resultなどの論理マーカー（話の流れや展開を示す表現）に注意して読む

論理マーカーについては、104～106ページを復習しておきましょう。

筆記4

Q：長文はどうやって解いていく？

A：先述の通り、設問の内容は原則、段落ごとにあるので、解き方としては、主に次の2通りが考えられます。

① 本文を全部読んでから一気に問題を解く
② 段落ごとに要旨をつかみながら1問ずつ解いていく

①のように、本文を一気に読んで一気に4問解いてもかまいませんが、第1段落を読んで1問目を解く、第2段落を読んで2問目を解く、という②の方法をお勧めします。そうすれば、万一筆記の残り時間がなくなっても、途中までは確実に解けるからです。あとは、各段落に書かれた論点をつかみ、設問で問われている情報をすばやく本文中から探し出すことが大事です。

なお、本書では大問ごとに目安となる解答時間を示していますが、実際は、人それぞれ得意・不得意の分野があると思います。各自で、筆記75分の間にすべての問題を解くには、どの大問にどれくらいの時間をかけたらよいかを検討し、その配分で過去問や模擬テストをどんどん解いて練習するとよいでしょう。

Eメール

さあ、みんな。今日から文章の内容と一致するものを選ぶ問題に入るわよ。

僕、3級では掲示はなんとか大丈夫だったけど、Eメールと説明文は読むのが遅かったんだよなぁ。

準2級では「掲示」の問題はないの。代わりに筆記3の空所補充があるわよね。あと、3級では複数のメールのやり取りを読んだけど、準2級は1通のみ。だからちょっと長いの。

ふ〜ん。じゃあ、3級で出た「手紙文」みたいなもんだね。

そうそう、そう思えばいいわね。あと、メールの内容は、学校のイベントやコンテストなどの身近な話題で、メールの相手も友達、叔父・叔母、祖父母など、日常的な場面だから読みやすいわよ。

よかった〜。

手紙文と違って、メールにはヘッダーがあるから、問題を解く前にまずは、メールの構造から見てみよう。日本語のメールと同じく、英語のメールでもヘッダーには決まった情報があるのよ。

ヘッダーの部分（メッセージの前の部分）から、送信者と受信者、話題を確認しましょう。下のメールのように、最初に簡単な挨拶（近況報告）があり、その後に本題が書かれるパターンがよくあります。

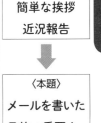

ヘッダー

From: Eva Stearns <evastearns@hitmail.com> ← 送信者
To: John Stearns <j-stearns@whitemail.com> ← 受信者
Date: February 2 ← 送信日
Subject: Great-grandparents

「件名」メールの話題はここにあり！

Hi Uncle John, ← 「ジョン叔父さんへ」⇒相手の名前

How have you been? I think the last time I wrote to you was last summer. School life is keeping me busy. This week, we got a lot of homework in all classes. Especially social studies. Actually, that's why I'm writing to you. We have to write a report on our families. You know so much about our family, much more than my own parents.

簡単な挨拶
近況報告

〈本題〉
メールを書いた目的⇒重要！

〈後略〉　I = Eva、you = Uncle John を押さえよう

Your niece,
Eva

「あなたの姪より」⇒書き手の名前

メッセージ中程のActuallyという「論理マーカー」に着目しましょう。Actually, ...の後には重要な内容が続き、ここからが本題です。つまり、「メールの目的」はこれより後に書かれています。

では、次のページから段落ごとに問題を解いていきます。

Let's TRY

ポイント1 メールの目的を押さえよう

From: Eva Stearns <evastearns@hitmail.com>
To: John Stearns <j-stearns@whitemail.com>
Date: February 2
Subject: Great-grandparents

Hi Uncle John,
How have you been? I think the last time I wrote to you was last summer. School life is keeping me busy. This week, we got a lot of homework in all classes. Especially social studies. Actually, that's why I'm writing to you. We have to write a report on our families. You know so much about our family, much more than my own parents.

問い：Why is Eva writing to Uncle John?

1 To check her schedule for her summer vacation.
2 To answer questions he asked her in his last e-mail.
3 To invite him to a social studies class.
4 To ask him for help about her homework.

前のページで「メールの目的」が重要だとあったよね。これはまさにその部分に関する問題よ。

エバは社会科の宿題で家族に関するレポートを書かなければならないんだよね。ジョン叔父さんは家族についてよく知っているみたいだよ。

うん。直接的に「手伝ってほしい」とは言ってないけど、エバはジョン叔父さんに家族について教えてほしいのよ。4が正解じゃないかしら？

その通り！　この問題はストレートにメールの目的を問うタイプだったけど、メールを読むときは常に、本題はどこからか、メールの目的は何か、を考えながら読み進めよう。

訳

差出人：エバ・スターンズ<evastearns@hitmail.com>
宛先：ジョン・スターンズ<j-stearns@whitemail.com>
日付：2月2日
件名：曽祖父母

こんにちは、ジョン叔父さん
お元気ですか。私が叔父さんに最後にメールを書いたのは昨年の夏だったと思います。私は学校生活で忙しくしています。今週、私たちはすべての授業で宿題がたくさん出ました。特に社会科です。実は、そのことで叔父さんにメールを書いています。私たちは自分の家族についてレポートを書かないといけません。叔父さんは私たちの家族についてとてもよく知っていますよね。私の両親よりもずっとね。

問い「なぜエバはジョン叔父さんにメールを書いていますか」

1「夏休みの予定を確認するため」
2「彼が前のメールで彼女に尋ねた質問に答えるため」
3「彼を社会科の授業に招待するため」
4「彼に宿題について手助けを求めるため」

✔表現CHECK!

Especially social studies.

⇒文で表すとすれば、We especially got a lot of homework in social studies class.のようになる。メールや会話ではこのような省略がよくある。

（正解　4）

Let's TRY

ポイント2 文を完成させる問題に慣(な)れよう

Last summer you talked to me about my great-grandparents. You mentioned my great-grandfather Erwin. Was that his name? I remember you told me that he came to the U.S. on a ship in 1871 from Norway, and that he lived in New York and worked at a grocery store. I also recall you said that this is where he met my great-grandmother. Is that right?

問い：Uncle John told Eva that

1 her great-grandfather started a business.
2 her great-grandfather worked in New York.
3 he came from Norway.
4 her grandfather's name was Erwin.

「ジョン叔父(おじ)さんはエバに〜と話した」という文を完成させる問題よ。つまり、ジョン叔父さんが話した内容(ないよう)と合うものを選ぶの。

この段落(だんらく)はLast summerから始まっていて、昨年の夏の話だね。You mentioned ...、you told me ...、you said that ... などがあって、昨年夏に叔父さんがエバに言ったことが書かれている。だから、それらの内容と合う選択肢(せんたくし)を考えたらいいんだね。

そうそう。第4文（I remember ...）に、曽祖父(そうそふ)について「1871年にノルウェーから船でアメリカに来て、ニューヨークに住み、食料品店で働いていた」とあるから、正解は2？

正解！　この第4文の英文をちょっと詳しく見ておこう。

I remember (that) you told me
〈that he came to the U.S. on a ship in 1871 from Norway〉,
　and
〈that he lived in New York and worked at a grocery store〉.

tell O that節のthat節がandを挟んで2つあって、he lived in New York and worked at a grocery storeの部分と2が一致するね。

訳

　去年の夏、叔父さんは私の曽祖父母について話してくれましたね。叔父さんは、曽祖父のアーウィンについて話しました。それが彼の名前でしたか？　叔父さんが、彼は1871年にノルウェーから船でアメリカに来て、ニューヨークに住み、食料品店で働いていたと私に話したことを覚えています。あと、そこが、彼が曽祖母と出会った場所だと言ったことも覚えています。それで合っていますか？

問い「ジョン叔父さんは～とエバに話した」
　1「彼女の曽祖父は事業を始めた」
　　⇒ **worked at a grocery storeとあるが、事業を始めた話はない。**
　2「彼女の曽祖父はニューヨークで働いていた」
　3「彼はノルウェーから来た」
　　⇒ **第4文から、ノルウェーから来たのは叔父ではなく曽祖父である。**
　4「彼女の祖父の名前はアーウィンだった」
　　⇒ **第2文から、アーウィンは祖父ではなく曽祖父の名前である。**

✔表現CHECK!

I also recall you said 〈that this is where he met my great-grandmother〉.

⇒this is where SVは「ここがSがVする場所である」という意味。whereは関係副詞で、先行詞the placeを含んでいる。

（正解　2）

Let's TRY

ポイント3 言い換えを見抜こう

I'd like to hear the story again, and this time, I'll write down what you say so I won't forget. I really want to know more about how my great-grandfather met my great-grandmother. Was her family from Ireland? My dad says that my great-grandmother was nervous about my great-grandfather at first. That's all he knows. I'm looking forward to your reply. If we could talk in person, that would be great. Give my love to Aunt Sally, too.

Your niece,

Eva

問い：What does Eva say she would like to do?

1 Speak with Uncle John face-to-face.

2 Visit the place where her great-grandparents met.

3 Know about how Uncle John and Aunt Sally met.

4 Tell her father about great-grandparents.

質問は、エバがしたいことだよね。第1文にI'd like to hear the story again、第2文にI really want to know ... とあるよ。

でも、選択肢を見ても合うものがないよ？

確かに。最後の方のIf we could talk in person, that would be great.の部分もエバのしたいことじゃないかしら。talk in personとspeak face-to-faceが同じ意味だから、答えは1？

正解！　読解問題ではそういった「言い換え」がポイントになるの。

なるほど。確かに、選択肢が本文そのままだったら簡単に正解が分かってしまうね。

そうなの。設問では本文と異なる表現を使うことで、それらが「同じ意味」だと理解できるかどうか、つまり語彙力・表現力を試しているのよ。

訳

もう一度その話を聞きたいのですが、今度は忘れないように叔父さんの言うことを書き留めます。曽祖父が曽祖母とどのようにして出会ったかについて本当にもっと知りたいです。彼女の家族はアイルランドから来ましたか。私の父は、曽祖母は最初、曽祖父に対して神経質だったと言っています。父が知っていることはそれだけです。お返事を待っています。直接話すことができたらありがたいです。サリー叔母さんにもよろしく。
あなたの姪のエバより

問い「エバは何をしたいと言っていますか」

1「ジョン叔父さんと直接会って話す」

2「曽祖父母が出会った場所を訪れる」

3「ジョン叔父さんとサリー叔母さんの出会いについて知る」

⇒曽祖父母の話を聞きたいので、Uncle John and Aunt Sallyは不適。

4「曽祖父母について父親に話す」

✔表現CHECK!

I'll write down what you say so (that) I won't forget.

⇒what you sayは「あなたが言うこと」という意味で、whatは関係代名詞。so (that) S won't ～は「Sが～しないように」という目的を表す。

（正解　1）

練習しよう!

本番形式で筆記4のEメールの問題を解いてみましょう。

次の英文の内容に関して、質問に対して最も適切なもの、または文を完成させるのに最も適切なものを1, 2, 3, 4の中から一つ選び、その番号のマーク欄をぬりつぶしなさい。

From: Jeremy Hiller <jhiller@dotmail.com>
To: Cindy Whitman <c-whit78@spotmail.com>
Date: August 21
Subject: Pinedale High School party

Hi Cindy,

This is Jeremy Hiller, from Pinedale High School. I remember we used to talk in the hallway sometimes. I work as an advertising manager now. This year will be my 20th year in the company. It's hard to believe time is passing so quickly! Last week I came across a classmate of ours, Marlene Johnson, at the station, and she gave me your e-mail address.

Anyway, I'm writing to you because I'm helping to organize a Pinedale High School party for the Class of 1981 on the 15th of next month. Can you make it? It'll be in the afternoon and evening. I already invited Marlene, of course, and about 20 other people plan to be there as well. If you can make it, would you respond to this e-mail by next Thursday?

Also, if you know anyone else from our class who would like to come, please let me know. The party will be at the community center, so there will be plenty of room. You don't need to bring anything but need 10 dollars for the food we prepare. If you like, you could call me at 671-555-3847. I can give you an exact schedule then.

Sincerely,

Jeremy Hiller, Class of 1981

(1) What does Jeremy Hiller do?

1 He works at a local school.

2 He works as an event planner.

3 He works with Marlene Johnson.

4 He works as an advertising manager.

① ② ③ ④

(2) What does Jeremy ask Cindy to do?

1 Invite Marlene Johnson to the party.

2 Help organize a high school party.

3 Reply to his invitation to the event.

4 Answer questions about her school life.

① ② ③ ④

(3) What does Cindy have to do if she attends the party?

1 Prepare some food.

2 Pay some money.

3 Take other classmates with her.

4 Reserve a larger room for the party.

① ② ③ ④

解答・解説

(1) 正解　4

訳　What does Jeremy Hiller do?
「ジェレミー・ヒラーは何をしていますか」

1　He works at a local school.
「彼は地元の学校で働いている」

2　He works as an event planner.
「彼はイベントプランナーとして働いている」

3　He works with Marlene Johnson.
「彼はマリーン・ジョンソンと一緒に働いている」

4　He is a manager at an advertising company.
「彼は広告会社でマネジャーをしている」

解説　ジェレミー・ヒラーはメールの送信者で、第1段落では久しぶりに連絡をする同級生シンディに挨拶や自分の近況について書いている。What does Jeremy Hiller do? はジェレミーの職業を尋ねる質問で、I work as an advertising manager now. を言い換えた4が正解。マリーン・ジョンソンとは駅でばったり会ったと言っているので、3は不適。

(2) 正解　3

訳　What does Jeremy ask Cindy to do?
「ジェレミーはシンディに何をするよう頼んでいますか」

1　Invite Marlene Johnson to the party.
「マリーン・ジョンソンをパーティーに誘う」

2　Help organize a high school party.
「高校のパーティーの企画を手伝う」

3　Reply to his invitation to an event.
「イベントへの招待に返事をする」

4　Answer questions about her school life.
「高校生活に関する質問に答える」

解説　メールの目的は第2段落の第1文にあり、パインデール高校の同窓会(どうそう)について知らせることである。Can you make it?は「(同窓会に)来ることはできますか」という意味で、つまり、シンディを招待している。第2段落の最後ではIf you can make it, would you respond to this e-mail by next Thursday?「もし来られるようなら、来週の木曜日までにこのメールに返信してもらえますか」とお願いしているので、3が正解。
なお、ask O to *do*「Oに～するよう頼む」を含(ふく)む質問では、本文中の依頼表現(いらいひょうげん)(ここではWould you ～?)がヒントになることが多い。

(3)　**正解　2**

訳　What does Cindy have to do if she attends the party?
「シンディはパーティーに出席する場合、何をしなければなりませんか」

1　Prepare some food.「食事を用意する」
2　Pay some money.「お金をいくらか払う」
3　Take other classmates with her.「他の同級生を連れて行く」
4　Reserve a larger room for the party.
「パーティーのためにより大きな部屋を確保(かくほ)する」

解説　第3段落にYou don't need to bring anything but need 10 dollars for the food we prepare.「何も持って来なくてよいが、10ドルが必要」とある。need 10 dollars「10ドル必要」をPay some money.「お金をいくらか払(はら)う」と表した2が正解。don't need toとbut needに注意して、必要なことと不必要なことをしっかりと読み取ろう。
なお、本文のthere will be plenty of roomのroomは不可算(ふかさん)名詞で「空間、スペース」の意味。選択肢(せんたくし)4のroomは可算(かさん)名詞で「部屋」という意味。

筆記4
Eメール

の「論理マーカー」に注目しながら意味を確認しましょう。

本文訳

差出人：ジェレミー・ヒラー<jhiller@dotmail.com>

宛先：シンディ・ホイットマン<c-whit78@spotmail.com>

日付：8月21日

件名：パインデール高校のパーティー

Hi Cindy,　こんにちは、シンディ

〈第1段落〉

This is Jeremy Hiller, from Pinedale High School.

パインデール高校のジェレミー・ヒラーです。

I remember we used to talk in the hallway sometimes.

私たちがときどき廊下で話したのを覚えていますよ。

I work as an advertising manager now.　→(1)の4と同じ意味

私は今、広告マネジャーとして働いています。

This year will be my 20th year in the company.

今年で入社20年目になります。

It's hard to believe time is passing so quickly!

時がこれほど早く過ぎていることが信じられません！

Last week I came across a classmate of ours, Marlene Johnson, at the station, and she gave me your e-mail address.

先週、私たちのクラスメートのマリーン・ジョンソンと駅でばったり会って、彼女があなたのメールアドレスを教えてくれました。

〈第2段落〉

話題の転換を示す論理マーカー⇒ここからが本題（メールの目的）

Anyway, I'm writing to you because I'm helping to organize a Pinedale High School party for the Class of 1981 on the 15th of next month.

ともかく、私があなたにメールを書いているのは、来月15日のパインデール高校1981年卒業生の同窓会を企画するのを手伝っているからです。

Can you make it?　来ることはできますか。　→ 同窓会に招待

It'll be in the afternoon and evening.

午後から夕方に行います。

I already invited Marlene, of course, and about 20 other people plan to be there as well.

もちろん、マリーンはもう招待(しょうたい)していて、他に20人ほど来る予定です。

┌would you ～? = Cindyへの要望 → (2)の手がかり

If you can make it, would you respond to this e-mail by next Thursday?

来られるなら、来週の木曜日までにこのメールに返信してもらえますか。

〈第3段落〉

┌Cindyへの要望の2つ目

Also, if you know anyone else from our class who would like to come, please let me know.

また、私たちのクラスで他に来たいという人がいたら、知らせてください。

The party will be at the community center, so there will be plenty of room.

パーティーはコミュニティセンターで行うので、十分な広さがあります。

You don't need to bring anything but need 10 dollars for the food we prepare.　└必要なものと不必要なものを確認　└(3)の2と同じ意味

何も持って来なくてよいですが、私たちが用意する食事代として10ドルが必要です。

If you like, you could call me at 671-555-3847.

よかったら、671-555-3847まで電話をしてくれてもいいです。

I can give you an exact schedule then.

そうしたら正確(せいかく)なスケジュールをお伝えできます。

Sincerely,　敬具(けいぐ)

Jeremy Hiller, Class of 1981

1981年卒業生、ジェレミー・ヒラー

✔語彙CHECK!

□used to *do*　以前は～した
□advertising　広告（の）
□come across　～にばったり会う
□plenty of　たくさんの～
□hallway　廊下（ろうか）
□manager　部長、マネジャー
□organize　～を企画（きかく）する
□exact　正確（せいかく）な

✔表現CHECK!

〈第1段落〉

It's hard to believe (that) time is passing so quickly!

⇒〈It is＋形容詞＋to *do*〉「～するのは…だ」の構文（こうぶん）。

〈第2段落〉

Anyway, I'm writing to you because I'm helping to organize ...

⇒Anyway「いずれにしても、ともかく」は、話題が転換（てんかん）される印。I'm writing to you because ...以下に「メールを書いた理由、メールの目的」が書かれる。help (to) *do*は「～するのを手伝う」。

Can you make it? / If you can make it, ...

⇒make itは「やり遂（と）げる、何とか切り抜（ぬ）ける」「（会合やイベントに）何とか出席する、都合をつける」などの意味。会話ではよく使うので、覚えておこう。

..., would you respond to this e-mail by next Thursday?

⇒Would you ～?「～してもらえますか」という依頼表現（いらいひょうげん）が主節にきている。respond toは「～に返事をする」で、reply toとも言える。

〈第3段落〉

You don't need to bring anything but need 10 dollars for the food 〈we prepare〉.

⇒we prepareという節（SV）が前の名詞the foodを修飾（しゅうしょく）する構造（こうぞう）。

説明文

さあ、みんな。四技能の「読む」の最後の問題、「説明文」の内容一致選択問題に入りましょう。

説明文も段落ごとに設問があるんだったよね？

そう。この後、段落ごとに解く練習をするわよ。各段落の要旨をつかみながら、正解に結びつく手がかりをすばやく本文から探し出すことがポイント。もう一度、長文を読むときのコツをまとめておくわね。

① 文中のitやthat、oneなどの語句が指す内容を理解しながら読む
② 知らない単語があっても「推測」して先を読み進める
③ however、for example、as a resultなどの論理マーカーに注意して読む
④ 本文と設問との言い換えに注意する

僕は「推測する」が苦手だなぁ。分からない単語が出てきたら頭がこんがらがっちゃうんだ。

ふだんの会話を想像してごらん。相手が知らない言葉を言ったとしても、いちいち尋ねず適当に聞き飛ばすこと、よくあるわよね？　それと同じことよ。

たとえば英語話者と話していて、相手がI have five siblingsと言った時、「siblingsって何？　何を5つ持ってるの？」と思ったとしても、その後すぐthree brothers and two sisters.と続けば、「あっ、兄弟姉妹が5人いるってことだ」と分かるね。英文を読むときもこれと同じで、とりあえず気にせず先を読み進めるのよ。

そうかぁ。分かった。がんばってみる！

Let's TRY

第1段落(だんらく)を読んで、問いに答えましょう。

The Great Potato Trick

The potato is one of the most popular foods in the world. A man named Antoine-Augustin Parmentier was a champion of the potato. He lived in France in the 1700s, and helped make potatoes popular in France and in Europe, at a time when most people did not eat potatoes. In fact, although Spanish people brought the first potatoes to Europe from South Africa in 1690, most Europeans did not eat them. They thought that potatoes made humans sick, and they only fed them to animals.

問い：Most Europeans did not eat potatoes in the 1700s because

1 they thought that potatoes were not healthy food.
2 potatoes came to Europe only after the 1700s.
3 potatoes were too expensive for common people to buy.
4 people did not know how to cook potatoes.

タイトルと冒頭(ぼうとう)から、これは「ジャガイモ」の話ね。タイトルのtrick「トリック、罠(わな)」がきっとストーリーのポイントになるのね。第2文にAntoine-Augustin Parmentierという人物名があるから、この人がジャガイモを広めた人かしら？　第3文に1700sとあるから昔の話よね。

そう。「物の歴史(れきし)」に関する文章よ。このタイプの文章では、その「物」の起源(きげん)、経緯(けいい)、現在(げんざい)の様子など、時系列(じけいれつ)に沿(そ)って話が展開(てんかい)されるから、1700sや～agoなど「いつ」のことかを押(お)さえながら読もう。さあ、設問(せつもん)は解(と)けたかな？

文を完成させる問題だね。because ... だから「ほとんどのヨーロッパ人が1700年代にジャガイモを食べなかった理由」を本文から読み取ればいいんだ。

最後のほうに設問文と似た表現、most Europeans did not eat themとあるよ。このthemはpotatoesのことだよねぇ。

そうね。その次の文に「彼らは、ジャガイモは人を病気にすると思っていた」とあるから、正解は1ね。They thought ... のTheyはmost Europeans のことで、本文のmade humans sickが1ではnot healthy foodに言い換えられているわ。

その通り！

訳　**ジャガイモの最大の罠**

ジャガイモは世界で最も人気のある食べ物の1つである。アントワーヌ＝オーギュスタン・パルマンティエという名の男性がジャガイモを普及した人である。彼は1700年代にフランスに住んでおり、ほとんどの人がジャガイモを食べなかった時代に、フランスとヨーロッパでジャガイモを普及させる手助けをした。実際、1690年にスペイン人が南アフリカから最初のジャガイモをヨーロッパに持ち込んだが、ほとんどのヨーロッパ人は食べなかった。彼らは、ジャガイモは人間を病気にすると思っており、動物に与えるだけだった。

問い「1700年代、ほとんどのヨーロッパ人はジャガイモを食べなかった。なぜなら～」

1「彼らはジャガイモは健康によくないと思っていた」

2「ジャガイモは1700年代以降、初めてヨーロッパにやって来た」

⇒1690年にスペイン人が初めて持ち込んだので不適。

3「ジャガイモは一般人が買うには高すぎた」

4「人々はジャガイモの調理のしかたを知らなかった」

（正解　1）

第2段落を読んで、問いに答えましょう。

However, Parmentier was a scientist who studied a lot about nutrition. He knew that potatoes were a good source of vitamins, and were healthy for people to eat. He worked at a hospital, and he made food from potatoes to help sick patients there. He won the prize for doing this in 1773, but still many people were afraid of eating potatoes. Farmers were also afraid of growing them.

問い：As a scientist, Parmentier used his knowledge in order to

1 produce a new kind of potato plant.
2 find the ways to grow vegetables.
3 design a contest for potato farmers.
4 make dishes from potatoes for sick people.

第2段落はHoweverで始まっているから、第1段落から話が展開されるね。人々はジャガイモが健康に悪いと思っていたのだけど、きっとパルマンティエがそれを覆すことをしたんだ。

いいわよ、その調子！ 想像しながら読んでいく癖がついてきたわね。

設問にhis knowledgeとあるけど、どういうことかなぁ。

knowledgeは「知識」。「科学者として、パルマンティエは～するために自分の知識を使った」という設問よね。knowledgeは第2文のHe knew that ...と関係あるんじゃないかしら。knowはknowledgeの動詞だから。

さすが！　見る観点が違うわね。こういった品詞の言い換えもあるの。

なるほど。パルマンティエは、ジャガイモにはビタミンが豊富に含まれていて、健康にいいことを知っていた。それが彼の知識（knowledge）ということか。

うん。そして次のHe worked ...に「病院で病気の患者を助けるためにジャガイモ料理を作った」とあるから、4が正解じゃないかしら。

正解！　foodを4ではdishesに言い換えているね。その続きも読んでみよう。He won the prize ... とあるからポジティブな話が続くけど、but、still、afraidなどのネガティブな語があるから、ジャガイモの普及はまだうまく行かないようね。

訳

　しかし、パルマンティエは、栄養について多くのことを研究していた科学者だった。彼は、ジャガイモにはビタミンが豊富に含まれており、人々が食べるのに健康的であることを知っていた。彼は病院で働いており、彼はそこにいる病気の患者を助けるためにジャガイモ料理を作った。彼は1773年にこれに対して賞を得た、それでも多くの人はジャガイモを食べることを恐れた。農家もまた、それらを栽培することを恐れた。

問い「科学者として、パルマンティエは～するために自分の知識を使った」

1「新しい種類のジャガイモの苗を作り出す」

2「野菜を育てる方法を見つける」

3「ジャガイモ農家のためのコンテストを考案する」

4「病気の人々のためにジャガイモで料理を作る」

（正解　4）

第3段落を読んで、問いに答えましょう。

Parmentier was not only a wealthy man, but a clever one. He gave potato flowers to the king and queen. He hosted parties at his home, and served many kinds of delicious potato dishes to his guests. But his best idea was a trick. He put many guards around his potato farm during the day, and told them all to go away at night. Farmers thought that the potatoes were guarded treasure, so they stole them at night and planted them in their own fields. This is exactly what Parmentier wanted.

問い：Why did farmers steal Parmentier's potatoes?

1　They thought the potatoes were very valuable.
2　They did not have enough food to eat.
3　They heard the potates were healthy.
4　They wanted to sell them for a high price.

第3段落はその後、パルマンティエがどうやってジャガイモを広めたか、その経緯が書いてあるね。

第4文のButで始まる文に、タイトルと同じtrickがあるよ！

よく気づいたわね、ショー！　このhis best idea was a trick「彼の最高のアイデアは、ある罠だった」のような表現も前置きの一種なの。具体的にどんなtrickだったかは、すぐ後に詳しく書いてあるわよ。

設問は、農民たちがジャガイモを盗んだ理由だよね。最後のほうにthey stole themとあるからその辺に手がかりがありそうだよ。

そう！　そうやって、設問で問われている情報をすばやく本文から探し出すのが、読解問題を解くときのポイントね。

so「だから」があるから、理由はその前にあるわよ。Farmers thought that the potatoes were guarded treasure「農民たちはジャガイモが警備されている宝物だと思った」。警備員に守られている宝物だから very valuable「とても貴重な物」として扱われていたと思ったのよ。答えは1？

正解！　they stole them at night and planted them in their own fieldsの2つのthemはジャガイモのことね。itやthemが指す内容を意識して読めたかな？

訳

パルマンティエは裕福な男だっただけでなく、賢い男でもあった。彼は王と王妃にジャガイモの花を贈った。彼は自宅でパーティーを開き、招待客に多くの種類のおいしいジャガイモ料理を出した。しかし、彼の最高のアイデアは、ある罠だった。彼は、日中、彼のジャガイモ畑中に多くの警備員を配置し、夜は立ち去るように彼ら全員に言った。農民たちは、ジャガイモが警備されている宝物だと思ったため、夜間にジャガイモを盗み、自分の畑にそれを植えたのだ。これはまさに、パルマンティエが望んだことだった。

問い「なぜ農民たちはパルマンティエのジャガイモを盗んだのですか」

1「彼らはジャガイモがとても貴重な物だと思った」
2「彼らには食べるための十分な食料がなかった」
3「彼らはジャガイモは健康によいと聞いた」
4「彼らはそれらを高値で売りたいと思った」

（正解　1）

第4段落を読んで、問いに答えましょう。

Finally, Parmentier wrote a book about potatoes and how to use them. The cover of the book said "Printed by order of the king," so people accepted the potato as something that the king approved. After that, a famous female writer — who likely read Parmentier's book — wrote a cookbook that had many potato recipes. As a result, potatoes became a common food in many homes. Parmentier's grave in France is surrounded by potato plants.

問い：How did many people in France start eating potatoes?

1 Parmentier sold a lot of potatoes to people.
2 A woman wrote a book with potato recipes.
3 Parmentier taught people how to grow vegetables.
4 The king told his people about potatoes.

この文章はジャガイモの歴史についてで、ジャガイモがどうやって広まったのかが述べられてきたわね。最終段落はFinallyで始まっているわよ。農民たちが盗んだジャガイモを畑に植えて、どうなった？

その農民たちの話は続いていないようだけど、パルマンティエが本を書いたみたいだ。設問では、フランスの多くの人々がジャガイモを食べるようになった経緯が問われているから、そのパルマンティエの本がきっかけで国民に広まったんじゃないかな。

でも、選択肢には一致するものがないわよ。最後のほう、As a resultで始まる文に「その結果、ジャガイモは多くの家庭で一般的な食べ物になった」とあるから、一般的になった理由はその前にあるんじゃないかしら。つまり、After that, ... の部分ね。

なるほど～。広まったきっかけはパルマンティエではなくて、ある女性が書いた本ということかぁ。答えは2だね。

正解！　手がかりは論理マーカーAs a result「その結果」の前後にあったね。

あと、After that, a famous female writer — who likely read Parmentier's book — wrote a cookbook that had many potato recipes. の文について、このwhoは関係代名詞ね。

「その後、ある有名な女性作家が」⇒「パルマンティエの本を読んだと思われる」⇒「料理本を書いた」⇒「多くのジャガイモ料理のレシピを載せた」のように、前から順に理解していこう。文頭の主語a famous female writerを読んだら、「述語動詞はいつ出てくるかな？」と思って読み進める感じ。ここではwroteが述語動詞よ。

訳

ついに、パルマンティエはジャガイモとその利用方法に関する本を書いた。その本の表紙には「王の命令により印刷された」と書かれていたので、人々は王が承認したものとしてジャガイモを受け入れた。その後、パルマンティエの本を読んだと思われる、ある有名な女性作家が、多くのジャガイモ料理のレシピを載せた料理本を書いた。その結果、ジャガイモは多くの家庭で一般的な食べ物になった。フランスにあるパルマンティエの墓はジャガイモの苗に囲まれている。

問い「どのようにしてフランスの多くの人々はジャガイモを食べ始めましたか」

1「パルマンティエが人々に多くのジャガイモを売った」
2「ある女性がジャガイモ料理のレシピを載せた本を書いた」
3「パルマンティエが人々に野菜の育て方を教えた」
4「王が国民にジャガイモについて伝えた」

（正解　2）

語彙CHECK!

□trick　トリック、罠（わな）
□bring A to B　AをBに持ち込む
□feed A to B　BにエサとしてAを与える（fedはfeedの過去形）
□nutrition　栄養
□be a good source of　〜が豊富にある
□vitamin　ビタミン
□make A from B　BからAを作る
□guard　警備員（名詞）；〜を守る、監視する（動詞）
□exactly　まさに
□cover　（本の）表紙
□print　〜を印刷する
□order　命令
□accept A as B　BとしてAを受け入れる［認める］
□approve　〜を認める
□likely　たぶん
□grave　墓
□be surrounded by　〜に囲まれている

表現CHECK!

〈第1段落〉

A named Bで「Bという名のA」

A man 〈named Antoine-Augustin Parmentier〉 was a champion of the potato.

⇒このchampionは「普及した人」といった意味だが、よく分からなくても「チャンピオン」というポジティブな意味の語であることと、後のhelped make potatoes popularから、ジャガイモを人気にした人だと推測しよう。

He lived ..., and helped make potatoes popular in France and in Europe, at a time when most people did not eat potatoes.

⇒whenは関係副詞で先行詞はa time。at a time when 〜で「〜した時代に」という意味。

In fact, although Spanish people brought the first potatoes to Europe from South Africa in 1690, most Europeans did not eat them.

⇒In factはいくつかの意味があるが、ここでは前述のmost people did not eat potatoesを否定して「ところが実際は」という意味合い。although A, Bの構造も確認しよう。Bの部分を強調する効果があり、このBの部分が設問で問われている。

〈第2段落〉

He knew 〈that potatoes were a good source of vitamins,
S V1 and
were healthy for people to eat〉.
V2

⇒that節内は、主語のpotatoesに対し、2つのwereが並列になっている。このように、andやbutの直後に動詞が出てきたら、主語は何かを考えよう。

〈第3段落〉

Parmentier was not only a wealthy man, but a clever one.

⇒not only A but (also) B「AだけでなくBも」の構造。 one = man

He put ... , and told them all to go away at night.

⇒tell A to *do*「Aに～するように言う」

Farmers thought that the potatoes were guarded treasure, so ...

⇒guarded treasureのguardedは動詞の過去分詞で、後ろの名詞を修飾。

This is exactly what Parmentier wanted.

⇒Thisは前文の内容を指し、「農民たちがパルマンティエの畑からジャガイモを盗み、自分たちの畑に植えること」。whatは関係代名詞「～こと」。

〈第4段落〉

The cover of the book said "Printed by order of the king," ...

⇒sayは「言う」以外に、「(本・掲示などに) ～と書いてある」という意味でもよく使うので覚えておこう。

先行詞
..., so people accepted the potato as something 〈that the king approved〉.
関係代名詞that節(目的格)

After that, a famous female writer 〈— who likely read Parmentier's
S (先行詞) 関係代名詞who節(主格)
book —〉 wrote a cookbook 〈that had many potato recipes〉.
V O (先行詞) 関係代名詞that節(主格)

⇒長い文は特に「主語」と「動詞」を意識しながら読もう。

練習しよう!

本番形式で筆記4の説明文の問題を解いてみましょう。

次の英文の内容に関して、質問に対して最も適切なもの、または文を完成させるのに最も適切なものを1, 2, 3, 4の中から一つ選び、その番号のマーク欄をぬりつぶしなさい。

Ancient Graffiti

Graffiti is writing or painting that someone puts on a wall or some other public places where he or she shouldn't. Nowadays, teenagers and young adults often spray graffiti on the walls of buildings with spray paint. Sometimes, graffiti is very detailed and artistic. Many times, however, it is something simple. It could be a symbol, or even just the name or nickname of the person who wrote it. It is not uncommon to see words such as "[Someone's name] was here."

Although spray paint is a recent invention, people have been writing graffiti for thousands of years. They used either some kind of colored ink or paint. They also carved graffiti into wood or stone. There are examples of graffiti on the walls of buildings in ancient cities. The people who wrote them, and the languages they spoke, died many hundreds of years ago, but the things that they wrote survive.

In the 1860s, some archaeologists found a tomb in Scotland that was thousands of years old. They also found that other people had broken into the tomb over the centuries. Some of those people had written things on the tomb's walls. They were written in a language that the Vikings used. The Vikings were people who lived in what is now Norway, Sweden, and Denmark. They wrote with letters called runes. The archeologists contacted some people who studied runes, and could read the writings.

Some of the writings were about women that the writers liked, or thought were beautiful. Others were about hidden treasure. But many of the writings said things like "[Someone's name] wrote these letters," or "[Someone's name] put these runes here." Archaeologists found that the writings are from around the year 1150. This means that some graffiti says the same thing as almost 800 years ago.

(1) What is true about modern graffiti?

1 It is far from artistic paintings.
2 It uses complex words and language.
3 It often appears in public places.
4 It is popular among people of all ages.

①②③④

説明文

(2) When people wrote graffiti thousands of years ago,

1 they used certain kinds of wood to write on.
2 they invented a new kind of stone tool.
3 they built special walls on parts of buildings.
4 they created colored liquids to write with.

①②③④

(3) What happened in Scotland in the 1860s?

1 Archaeologists discovered a new form of writing.
2 Archaeologists saw some old writing on walls of a tomb.
3 A language spoken by the Vikings died.
4 Many people in Scotland moved to other countries.

①②③④

(4) Many of the writings in the tomb

1 included the names of people who wrote them.
2 said when the tomb was made.
3 described the people who built the tomb.
4 talked about a man who was liked by women.

①②③④

解答・解説

(1) **正解　3**

訳　What is true about modern graffiti?
「現代の落書きについて正しいことは何ですか」

1　It is far from artistic paintings.
「決して芸術的な絵ではない」

2　It uses complex words and language.
「複雑な言葉や言語を使用する」

3　It often appears in public places.
「しばしば公共の場所で見られる」

4　It is popular among people of all ages.
「あらゆる年齢の人々の間で人気である」

解説　タイトルは「古代の落書き」で、落書きに関する説明文である。graffitiを知らなくても、第1文に説明があるので焦らないこと。第1段落は現在時制で「現代の落書き」について説明されている。第1文の「落書きとは、書いてはいけない壁や他の公共の場所に書かれた文字や絵のことである」から、3が正解。1のfar fromは「決して～ない」という否定を表し、Sometimes, graffiti is very detailed and artistic.と合わない。

(2) **正解　4**

訳　When people wrote graffiti thousands of years ago,
「何千年も前、人々は落書きをしたとき、～」

1　they used certain kinds of wood to write on.
「特定の種類の木に書いた」

2　they invented a new kind of stone tool.
「新しい種類の石器を発明した」

3　they built special walls on parts of buildings.
「建物の各所に特別な壁を建てた」

4　they created colored liquids to write with.
「書くための色の液体を作り出した」

解説　第1段落の「現代の落書き」の説明の後、第2段落で本題の「古代の落書き」に話題が転換される。第1文に質問文と同じ意味のthousands of yearsがあることに着目。第2文の「彼らはある種の色のインクかペンキを使った」から、4が正解。some kind of colored ink or paintをcolored liquidsと言い換えている。1はwrite on certain kinds of woodという意味で接触のon、4はwrite with colored liquidsという意味で道具のwithを表している。

(3) **正解　2**

訳　What happened in Scotland in the 1860s?

「1860年代に、スコットランドで何が起こりましたか」

1 Archaeologists discovered a new form of writing.

「考古学者らが新しい表記法を発見した」

2 Archaeologists saw some old writing on walls of a tomb.

「考古学者らが墓石の壁面に古い筆跡を見た」

3 A language spoken by the Vikings died.

「バイキングによって話されていた言語が消滅した」

4 Many people in Scotland moved to other countries.

「スコットランドの多くの人々が他国へ移り住んだ」

解説　質問文のScotlandと1860sという語句が第3段落の第1文にある。「1860年代に、考古学者らがスコットランドで数千年前の墓を発見した」とあり、その後、「墓への侵入者が墓石の壁にいろいろなことを書いた」と続く。これらの情報をまとめた2が正解。考古学者らが発見したのは墓石とその壁面に書かれた筆跡なので、1はa new form of writingが不適。

(4)は次のページへ

(4) **正解 1**

訳 Many of the writings in the tomb「墓の筆跡の多くは～」

1 included the names of people who wrote them.
「それを書いた人の名前を含んでいた」

2 said when the tomb was made.
「いつその墓が作られたかを書いていた」

3 described the people who built the tomb.
「その墓を建設した人々を描写していた」

4 talked about a man who was liked by women.
「女性たちに好かれていたある男性について語っていた」

解説 第4段落からの出題。Butで始まる第3文を参照。主語が設問と同じmany of the writingsで、「筆跡の多くには、『(人の名前) がこれらの文字を書いた』～のようなことが書かれていた」という内容から、1が正解。letter(s)はここでは「手紙」ではなく「文字」という意味。

4は、第1文のSome of the writings ... の文の内容と似ているが、これは「筆跡の一部」であって、設問の「筆跡の多く」とは異なる。また、筆跡の内容は「女性」についてなので、talked about a manでも消去できる。

訳

Ancient Graffiti 古代の落書き

〈第1段落〉

Graffiti is writing or painting that someone puts on a wall or some other public places where he or she shouldn't.

落書きは、書いてはいけない壁や他の公共の場所に書かれた文字や絵のことである。

Nowadays, teenagers and young adults often spray graffiti on the walls of buildings with spray paint.

最近では、ティーンエイジャーや若者がよく、建物の壁にスプレーペンキで落書きを噴射する。

Sometimes, graffiti is very detailed and artistic.
時に、落書きは非常に詳細で芸術的である。

Many times, however, it is something simple.
しかし、多くの場合、それは単純なものである。

It could be a symbol, or even just the name or nickname of the person who wrote it.　3つのitはgraffitiを指す
ある象徴、あるいは単に それを書いた人の名前やあだ名の場合さえある。

これはIt is ～ to ...「…することは～だ」の文
It is not uncommon to see words such as "[Someone's name] was here."
「(人の名前) がここにいた」といった言葉を見かけることは珍しくない。

〈第2段落〉

Although spray paint is a recent invention, people have been writing graffiti for thousands of years.
スプレーペンキは最近の発明だが、人間は何千年もの間、落書きをしてきた。

They used either some kind of colored ink or paint.
彼らは、ある種の色のインクかペンキを使った。

They also carved graffiti into wood or stone.
彼らはまた、木や石に落書きを彫った。

There are examples of graffiti on the walls of buildings in ancient cities.
古代都市の建物の壁に数々の落書きの例がある。

The people who wrote them, and the languages they spoke, died many hundreds of years ago, but the things that they wrote survive.
「彼らが書いたもの」＝落書き
それらを書いた人々、そして彼らが話した言語は何百年も前に消滅したが、彼らが書いたものは残存している。

〈第3段落〉

In the 1860s, some archaeologists found a tomb in Scotland that was thousands of years old.
1860年代に、何人かの考古学者がスコットランドで数千年前の墓を発見した。

筆記4
説明文

They also found that other people had broken into the tomb over the centuries.

彼らはまた、他の人々が何世紀にもわたってその墓に侵入していたことも発見した。

Some of those people had written things on the tomb's walls.

その人々の何人かは、墓石の壁面にいろいろなことを書いた。

things on the tomb's walls を指す

They were written in a language that the Vikings used.

それらはバイキングが使用していた言語で書かれていた。

⇒「Vikingsって何？」と思っても、すぐに説明が続くので焦らない。

The Vikings were people who lived in what is now Norway, Sweden, and Denmark.

バイキングとは、現在のノルウェー、スウェーデン、デンマークに住んでいた人々のことである。

They wrote with letters called runes.

彼らはルーンと呼ばれる文字で書いた。

The archeologists contacted some people who studied runes, and could read the writings.

考古学者らは、ルーン文字を研究している人々に連絡を取り、その筆跡を読むことができた。

〈第４段落〉

Some of the writings were about women that the writers liked, or thought were beautiful.

筆跡のいくつかは、書いた人が好きだった、あるいは美しいと思った女性たちについてだった。

Others were about hidden treasure.

隠された宝物についてのものもあった。

But many of the writings said things like "[Someone's name] wrote these letters," or "[Someone's name] put these runes here."

しかし、筆跡の多くには、「（人の名前）がこれらの文字を書いた」、あるいは「（人の名前）がここでこれらのルーン文字を残した」といったことが書かれていた。

Archaeologists found that the writings are from around the year 1150.

考古学者らは、それらの筆跡が1150年頃のものであることが分かった。

This means that some graffiti says the same thing as almost 800 years ago.

これは、一部の落書きが800年近く前と同じことを書いていることを意味する。

✔語彙CHECK!

- □graffiti　落書き
- □writing　書いたもの、筆跡
- □public　公共の
- □nowadays　最近
- □spray　(液体)を噴射する(動詞);スプレー(名詞)
- □paint　塗料、ペンキ
- □detailed　詳細な
- □artistic　芸術的な
- □such as　(たとえば)〜のような
- □recent　最近の
- □carve A into B　BにAを彫る
- □archaeologist　考古学者
- □tomb　墓地、墓(石)
- □break into　〜に押し入る
- □what is now　今で言うところの

✔表現CHECK!

〈第1段落〉

Graffiti is writing or painting [that someone puts on a wall or some other public places 〈where he or she shouldn't (put writing or painting)〉].

(先行詞: writing or painting / a wall or some other public places; he or she = someone)

Many times, however, it is something simple.

⇒however「しかしながら」は文中や文末にくる場合もある。

〈第2段落〉

Although spray paint is a recent invention, people have been writing graffiti for thousands of years.

⇒Although A, B.「Aだけれども、B」の文では、Bに重要なことが書かれる。

筆記4 説明文

The people who wrote them,
and
the languages [ ] they spoke
} died many hundreds of years ago,

└関係代名詞の省略（彼らが話した言語）

┌関係代名詞that節（目的格）

but the things〈that they wrote〉survive.

S（先行詞）　V

〈第3段落〉

They also found that other people had broken into the tomb over the centuries. Some of those people had written things on the tomb's walls.

⇒had brokenは考古学者が発見した時点（found）より前の出来事なので、過去完了になっている。その次のhad writtenも、had brokenと同じ時期の出来事として過去完了で表されている。

〈第4段落〉

Some of the writings were about women

先行詞

┌関係代名詞that節（目的格）

〈that the writers liked,　「書いた人が好きだった女性」

or

thought were beautiful〉.　「書いた人が美しいと思った女性」

Others were about hidden treasure.

⇒Othersは前のSome of the writingsを受けて「～の筆跡もあれば…もあった」ということ。

This means that some graffiti says the same thing as ...

⇒主語のThisは前文の「筆跡が1150年頃のものであること」を指す。

Writing

筆記 5 英作文

英作文の出題形式

筆記

問題	出題形式		問題数
5	英作文	質問に対する回答を英文で書く。	1問

筆記5はライティングです。まとまった英文を「書く」能力が試されます。

問題数：1問

目安となる解答時間：20分

◆課題の指示文

問題用紙に以下のような指示文が書かれています。事前に重要なポイントを押さえておき、当日は読まなくてよいようにしましょう。

- ●あなたは，外国人の知り合いから以下のQUESTIONをされました。
- ●QUESTIONについて，あなたの意見とその理由を2つ英文で書きなさい。
- ●語数の目安は50語～60語です。
- ●解答は，解答用紙のB面にあるライティング解答欄に書きなさい。なお，解答欄の外に書かれたものは採点されません。
- ●解答がQUESTIONに対応していないと判断された場合は，0点と採点されることがあります。QUESTIONをよく読んでから答えてください。

◆採点基準

解答は以下の4つの観点で採点されます。観点ごとに0～4点の5段階で評価されます。

観点		
観点①	内容	課題で求められている内容（意見とそれに沿った理由2つ）が含まれているかどうか。
観点②	構成	英文の構成や流れが分かりやすく論理的であるか。
観点③	語彙	課題にふさわしい語彙を正しく使えているか。
観点④	文法	文構造のバリエーションやそれらを正しく使えているか。

まず、指示文の5つの項目を詳しく見ていきましょう。

●あなたは，外国人の知り合いから以下のQUESTIONをされました。

⇒「外国人の知り合いからQUESTIONをされた」とあるので、日本のことを知らない人に伝わる英文を書きましょう。日本人でないと理解しにくい内容は避け、日本の事物を書く場合はローマ字ではなく、英語で説明します。

●QUESTIONについて，あなたの意見とその理由を2つ英文で書きなさい。

⇒書くべき内容は「意見」と「理由2つ」です。意見を書いてからその理由を説明します。理由は1つでも3つ以上でもいけません。2つです。

●語数の目安は50語〜60語です。

⇒「目安」とあるので50語〜60語はマストではありません。ただし、短すぎたり長すぎたりしないように、できるだけ45〜65語で書く練習をしましょう。

●解答は，解答用紙のB面にあるライティング解答欄に書きなさい。なお，解答欄の外に書かれたものは採点されません。

⇒採点者は解答欄の英語しか見ませんので注意しましょう。メモ書きは問題用紙の空白に書いてかまいません。

●解答がQUESTIONに対応していないと判断された場合は，0点と採点されることがあります。QUESTIONをよく読んでから答えてください。

⇒QUESTIONをよく読んで理解することが重要です。QUESTIONに対する答えが、QUESTIONの内容と合っていなければ当然、その後の理由も食い違ってくるので要注意です。準備段階で書く内容をまとめたときと、見直しのときに、QUESTIONに立ち返り、内容がQUESTIONに合っているかを確認しましょう。

次に、採点基準の4つの項目を詳しく見ていきます。

採点基準

観点① 内容 **課題で求められている内容（意見とそれに沿った理由2つ）が含まれているかどうか。**

⇒「意見」と「理由2つ」を、読み手に伝わりやすい内容、説得力のある内容で書く必要があります。理由については、単に「よいから」「楽しいから」「人気があるから」などではなく、詳しく書きましょう。

観点② 構成 **英文の構成や流れが分かりやすく論理的であるか。**

⇒最初と最後の挨拶は不要です。英文は、**「意見」→「理由1つ目」→「理由2つ目」→「まとめ」**の構造で書きます。このとき、「論理マーカー」（First、Also、Thereforeなど）を使うと、どこからどこまでが1つ目の理由かなどがはっきり伝わります。また、「論理的」な文章では、意見が終始一貫していることが重要です。意見が途中で変わったり、意見と理由の立場が逆だったりしてはいけません。

観点③ 語彙 **課題にふさわしい語彙を正しく使えているか。**

⇒課題に沿った、準2級レベルにふさわしい語彙力が評価されます。たとえば、同じ単語は繰り返し使わずに、2回目からは表現を変えるなどして語彙力・表現力があることをアピールしましょう。スペリングミスもマイナス評価につながります。

観点④ 文法 **文構造のバリエーションやそれらを正しく使えているか。**

⇒文頭は大文字で書く、ピリオドを書くといった基本ルールに沿って、読みやすい字で書きましょう。文法は、動詞の形、名詞の単複、文型などが正しく使えているかが評価されます。また、積極的に無生物主語の文を使って、バリエーション豊かな文章にしましょう（無生物主語は179～180ページ参照）。

英作文の傾向・対策

Q：どんな質問が出るの？

A：質問は、子供や学生の視点で、学校、食事、スポーツ、余暇などの日常的なトピックが多いです。Do you think ～?「～だと思いますか」の形が典型ですが、What is ～?のように疑問詞疑問文の場合もあります。

Q：難しい文法を使うべき？

A：準2級のライティングでは、3級、つまり中学レベルの文法がしっかりと身についていれば十分によい解答が書けます。「読めるけれど書けない」という文法・構文があれば、練習しておきましょう。その上で、余裕があれば準2級レベルの文法・構文（筆記1の58～65ページ参照）もどんどん使っていきましょう。読み手に誤解を与えるほどの文法間違いはマイナス評価になるので、自信のある文法・構文で書ける内容を考えることも重要です。

Q：どうやって学習したらいいの？

A：ライティングは書いて終わり、ではなかなか身につきません。自分の書いた英文を先生やネイティブスピーカーに見てもらう環境があれば一番よいです。それが難しい場合、以下のような学習方法をお勧めします。

✔**自分の解答と解答例を見比べる**　⇒自分の間違いに気づくことはもちろん、自分とは別の表現を学ぶことで、語彙力・表現力が広がります。

✔**解答例を書き写す**　⇒目で見るだけでなく、手を動かして練習します。

✔**解答例を見て文構造（意見⇒理由1⇒理由2の書き方）を真似する**

✔**定型表現を覚える**　⇒178～179ページで紹介しています。

✔**解答例を音読する**　⇒スピーキング対策にもなります。

では、次のページから、解答の手順を詳しく説明していきます。

QUESTIONを理解しよう

問題用紙には以下のような情報が書かれています。

問題用紙

●あなたは，外国人の知り合いから以下のQUESTIONをされました。
●QUESTIONについて，あなたの意見とその理由を2つ英文で書きなさい。
●語数の目安は50語～60語です。
●解答は，解答用紙のB面にあるライティング解答欄に書きなさい。なお，解答欄の外に書かれたものは採点されません。
●解答がQUESTIONに対応していないと判断された場合は，0点と採点されることがあります。QUESTIONをよく読んでから答えてください。

QUESTION
Do you think students should go abroad to study?

5つの指示文はもう理解したわよね。QUESTIONを読んでみて。

Do you think ～?「～だと思いますか」という質問だね。「学生は外国に行って勉強すべきだと思いますか」という意味かな？

そう。この質問のようにshouldを含む文が多いの。「～すべきだと思うか、思わないか」を答えるの。そして、このQUESTIONの意味を理解するのがとーっても重要。間違って意味を取ったら0点になるかもしれない！学生（student）ではない人たちについて書いてはダメだし。勉強する（study）こと以外、たとえば海外旅行について書いてもダメなのよ。

なるほど～。1語1句、注意して読まないと。

じゃあ、次のQUESTIONはどうかしら？　さっきとは少し違うわよ。

Q：*Do you think it is important for students to go abroad to study?*

意味は似ていそうだけど、importantがあるから「学生が外国に行って勉強するのは重要だと思いますか」という意味ね。

そう。It is ～ for A to *do* はライティングやスピーキングですごくよく使うから、サクッと読める・書けるようにしようね。「重要だと思うか、思わないか」を答えなきゃいけないの。じゃあ、これは？

Q：*Do you think more students should go abroad to study?*

これは最初の英文にmoreが入っただけじゃない？　「もっと多くの学生が外国に行って勉強すべきだと思いますか」という意味だよね。

そう！　〈more＋名詞〉で「もっと多くの～、より多くの～」という意味だよね。こんなふうにmoreやbetterなどの比較級を含む質問もあるから覚えておいて。じゃあ、これが最後！

Q：*Do you think it is better for children to play at home or outside?*

えーっ？　It is ～ for A to *do* にbetterが使われているのは分かるけど、orがあるなぁ…。at home or outsideで「家か外か」ってこと？

そう。子供が遊ぶ「場所」をA or Bで尋ねているね。つまり、「子供が遊ぶのに家と外ではどちらのほうがよいと思いますか」という意味。orがあるタイプの質問にはAかBかをしっかりと伝えないといけないの。

ここで、QUESTIONに対応する「意見」、つまり、QUESTIONに対して何を答えたらいいのかを、QUESTIONのパターン別に見ていきましょう。「意見」は解答の1文目に当たりますが、まずは日本語で考えてみます。

QUESTION

Do you think children should play sports more?

「子供はもっとスポーツをすべきだと思いますか」

意見 ⇒A「子供はもっとスポーツをすべき」もしくはB「する必要はない」

QUESTION

Do you think it is important for children to play sports?

「子供がスポーツをするのは重要だと思いますか」

意見 ⇒A「子供がスポーツをするのは重要だ」もしくはB「重要ではない」

QUESTION

Do you think children should study hard or play outside?

「子供は一生懸命勉強すべきだと思いますか、それとも外で遊ぶべきだと思いますか」

意見 ⇒A「子供は一生懸命勉強すべきだ」もしくはB「子供は外で遊ぶべきだ」

このように、通常、「意見」を書く「立場」はAかBの2択です。皆さんなら上の3つの質問に対して、どちらの立場を取りますか？　日本語でよいので、理由も考えてみましょう。そのとき、必ずしもあなた自身の意見に忠実でなくてもかまいません。「理由が2つ以上思いつく」「理由を英語で説明しやすい」「読み手を説得しやすい」のはどちらの立場か意識してみてください。

解答の英文構造を確認しよう

では、次に、解答となる英文の構造を確認するわよ。詳しくはこの後1つずつ学んでいくから、まずは「全体像」を頭に入れよう。

QUESTION

Do you think students should go abroad to study?

解答例

I think students should go abroad to study. First, staying abroad is a great experience for students. For example, they can learn not only the local language but also the local culture. Second, learning about other countries can help students know more about their own country. Therefore, I think it is important for students to study abroad. [58語]

確か、語数の目安は50語〜60語だったよねぇ。これくらい書かなきゃいけないのかぁ…。たいへんだなぁ…。

大丈夫！　この解答例を次のように分解してみよう。

意　見	I think students should go abroad to study.
理由1	First, staying abroad is a great experience for students. For example, they can learn not only the local language but also the local culture.
理由2	Second, learning about other countries can help students know more about their own country.
まとめ	Therefore, I think it is important for students to study abroad.

なるほど～。こうやって分けると、書けそうな気がしてきた。
「意見」⇒「理由1」⇒「理由2」⇒「まとめ」の順に書けばいいんだね。

そう。「意見」と「まとめ」は1文ずつ、理由はそれぞれ1～2文で書くとちょうど語数がよくなるわよ。1つのセンテンスの長さもこれくらいを目指してね。では、次の文はどうかしら？

Studying abroad is good.　「留学はよい」

文法や語彙は正しそうだけど、こんなに短い文でいいのかな？

そうね。これだと短すぎてちょっと説得力に欠けるわ。準2級ではもう少し表現豊かに書きたいところね。

訳	質問	：学生は外国に行って勉強すべきだと思いますか。
	解答例	：学生は外国に行って勉強すべきだと思います。 第1に、海外に滞在することは学生にとって素晴らしい経験になります。 たとえば、彼らは地元の言語だけでなく地元の文化も学ぶことができます。 第2に、他の国について学ぶことは、学生が自分自身の国についてもっと知る手助けとなります。 したがって、学生が留学することは重要だと思います。

確認したら□に✔を入れよう。

□「意見」⇒「理由1」⇒「理由2」⇒「まとめ」の構造で書く
□「意見」と「まとめ」は1文で書く
□2つの「理由」はそれぞれ1～2文で書く
□1センテンスが短くなりすぎないようにする

「意見」を書く

さあ、ここからは具体的に1センテンスずつ書き方を見ていくわよ。解答の1文目には何を書くんだったかしら？

「意見」⇒「理由1」⇒「理由2」⇒「まとめ」の構造で書くんだったね。だから「意見」だ。意見というのはQUESTIONに対応する答えだね。

いい調子よ。先ほど見た解答例を使って詳しく説明するわね。

QUESTION

Do you think students should go abroad to study?

意 見　I think students should go abroad to study.

Do you think ～?と聞かれたら、次の2つで答えると覚えておこう。

I think (that) トピック .

I do not think (that) トピック .

「トピック」ってなんだ？　あれ？　QUESTIONの語句そのままだ！な～んだ、簡単だね。

そう、単純だよね。まずはこの答え方を覚えよう。

Do you think トピック ***?***

↓ QUESTIONの語句を利用！

意 見　I think トピック .

もちろん、余裕があればQUESTIONの語句を言い換えてもいいんだけど、それは「まとめ」のところでやるね。あと、ライティングではdon'tのような短縮形ではなくdo notのように書くから覚えておいて。

「適切な理由」を考える

一番手強い「理由」の書き方を見ていくわよ。「意見」と「まとめ」は型が決まっているから比較的簡単。だから、英作文では「理由」が命なの。解答例の2つの「理由」をもう一度見てみよう。この解答例は「学生は外国に行って勉強すべきだと思う」という立場だったよね。

QUESTION

Do you think students should go abroad to study?

「学生は外国に行って勉強すべきだと思いますか」

理由1 Staying abroad is a great experience for students.

理由2 Learning about other countries can help students know more about their own country.

この解答では、「学生は外国に行って勉強すべきだと思う」理由の1つ目は、「海外に滞在することは学生にとって素晴らしい経験になるから」、2つ目は、「他の国について学ぶことは、学生が自分自身の国についてもっと知る手助けとなるから」ということだわ。

その通りね。ここで「適切な理由」とは何かを考えてみるわよ。次の「理由」を評価してみて。

「学生は外国に行って勉強すべきだと思う」理由は？

⑴留学はお金がかかるから。
⑵学生は部活などで毎日忙しいから。

(1)の理由は逆の立場じゃない？　「留学すべきだ」という立場のはずだから、留学のデメリットを言うのはおかしいよね。(2)は「忙しいから留学できない」という流れのはずだから、これもおかしい。

そう！　これが「適切な理由」かどうかの観点なの。「意見」がしっかり書けても、その意見と理由が矛盾していてはいけない。じゃあ、これは？

(3)海外に行くことは楽しいから。

理由としてちょっと単純すぎる気がするなぁ。

そうね。それに、QUESTIONのto studyの部分を読み飛ばしている可能性があるわね。じゃあ、これは？

(4)学生は一生懸命に勉強したほうがいいから。

これはいいんじゃない？　to studyの意味も含まれているよ。

これもあと一歩なの。「一生懸命勉強する」だけだと、別に海外に行かなくても国内でできるわよね。

そっか～。今度は「海外に行く」理由になっていないんだ…。「適切な理由」かどうかって結構難しいんだね…。質問をしっかりと読まないといけないことが分かったよ。

そういうこと！

筆記5
英作文

「意見」⇒「理由」のつなげ方

「適切な理由」が大事なことが分かったら、実際、「意見」からどうやって「理由」をつなげたらいいかを説明するわよ。148ページの採点基準の説明を思い出そう。

観点② 構成 英文の構成や流れが分かりやすく論理的であるか。
⇒英文は、「意見」→「理由1つ目」→「理由2つ目」→「まとめ」の構造で書きます。このとき、「論理マーカー」（First、Also、Thereforeなど）を使うと、どこからどこまでが1つ目の理由かなどがはっきり伝わります。

この「論理マーカー」がポイントなの。解答例はどうなっていたかしら？

QUESTION

Do you think students should go abroad to study?

「学生は外国に行って勉強すべきだと思いますか」

意 見	I think students should go abroad to study.
理由1	First, staying abroad is a great experience for students. For example, they can learn not only the local language but also the local culture.
理由2	Second, learning about other countries can help students learn more about their own country.

理由1はFirst, ...、理由2はSecond, ...で始まっているよ。これが論理マーカーかな？

その通り！　仮に次のような英文だったらどうかしら？

I think students should go abroad to study. Staying abroad is a great experience for students. They can learn not only the local language but also the local culture. Learning about other countries can help students know more about their own country.

これじゃあ、どこまでが1つ目の理由でどこから2つ目の理由か分かりにくいなぁ。論理マーカーが重要だって分かるね。

その通り。ところで、「理由1」の2文目のFor example, they can learn ...についてだけど、これはどういう役割か分かるかしら？

役割？　えっと、For exampleで始まっているから、具体例？

そう。この文は、前文のa great experience「素晴らしい経験」の具体的な説明になっているのよ。

なるほど。「素晴らしい経験になる」だけでは抽象的すぎて分かりにくいものね。For exampleという論理マーカーも使えそうね。

GOOD！　「抽象⇒具体」の流れを覚えておこう。これで2つの理由の書き方は分かったね。

- First, ...（理由1）（＋補足説明）
- Second, ...（理由2）（＋補足説明）
- 補足説明で具体例を示すときは、For example, ... で始める。

「意見」⇒「理由」のつなげ方には、他にも以下のような方法があります。

①becauseを用いて1文目に「理由1」を含める方法

意 見 + 理由1 I think students should go abroad to study because it is a great experience for them.

「学生は外国に行って勉強すべきだと思います。というのも、それは彼らにとって素晴らしい経験になるからです」

✎ このように、ライティングではbecauseは文中で使います。Because ~.のように文頭で使わないようにしましょう。

②理由の前に「前置き」する方法

意 見 I think students should go abroad to study. I have two reasons for this.

理由1 First, ...

「学生は外国に行って勉強すべきだと思います。これには理由が2つあります。第1に、…」

✎ I have two reasons for this.のように前置きすることで、「今から2つ理由を言いますよ」と相手に伝わります。前置きを書くと語数が増えるので、全体の語数が足りないときに利用するのもよいでしょう。

「2つの理由」に関する論理マーカーには以下のようなものがあります。基本的には1～2種類の言い方を知っていれば大丈夫です。

- First, ... Second, ...「第1に…。第2に…」
- First of all [To begin with / To start], ...「まず…」
- Also, ...「また…」
- In addition, ...「さらに…、加えて…」

「まとめ」を書く

解答となる英文の最後の部分、「まとめ」について話すわよ。まとめの文は単純！　最初に書いた「意見」をもう一度主張するだけでいいの。

そうなの！？　じゃあ、1文目を写せばいいんだ～。楽勝、楽勝！

いやいや、「もう一度主張する」とは言ったけど、全く同じ英文だと語彙力・表現力があることがアピールできないわね。

確かに。じゃあ、ちょっと違う表現にするということ？　解答例はどうなっていたかな。

Q：*Do you think students should go abroad to study?*

↓ QUESTIONの語句を利用！

意 見　I think students should go abroad to study.

理由1＋理由2

↓「意見」の表現を言い換え！

まとめ　Therefore, I think it is important for students to study abroad.

「意見」はトピックの語句をそのまま利用していたね。「まとめ」はit is important for students to study abroadとなっている！

そう。「学生は外国に行って勉強すべきだ」を「学生が留学することは重要だ」に言い換えているね。まとめではit is ～ for A to *do*を使っている。

なるほど～。「まとめ」の文はトピックの表現を言い換えることで、文法力や語彙力があることをアピールできるチャンスなんだね～。

そういうこと！

筆記5　英作文

次の各QUESTIONのトピック（［　　］の部分）を言い換えた表現を確認します。言い換え表現は1文目の「意見」にも「まとめ」にも使えます。重要なのは、「意見」と「まとめ」では違う表現を使うようにすることです。

QUESTION：*Do you think* [*children should play sports more*]*?*
「子供はもっとスポーツをすべきだと思いますか」

↓ 言い換え

意見　I think [it is important for children to play sports more].
「子供がもっとスポーツをするのは重要だと思います」

Q：*Do you think* [*children should study hard or play outside*]*?*
「子供は一生懸命勉強すべきだと思いますか、それとも外で遊ぶべきだと思いますか」

↓ 言い換え

I think [it is more important for children to play outside than to study].
「子供にとっては、勉強するよりも外で遊ぶことのほうが重要だと思います」

Q：*Do you think* [*it is good for high school students to have a part-time job*]*?*
「高校生がアルバイトをするのはよいと思いますか」

↓ 言い換え

I think [high school students should not have a part-time job].
「高校生はアルバイトをすべきではないと思います」

Q：*Do you think* [*schools should allow students to bring in their smartphones*]*?*
「学校は学生がスマホを持ち込むのを許すべきだと思いますか」

↓ 言い換え

I think [students should be allowed to bring their smartphones to school].
「学生は学校にスマホを持っていくことを許されるべきだと思います」

✎最後の例は、〈allow O to *do*〉「Oが～することを許可する」の能動態を受動態に、bring in A「Aを持ち込む」をbring A to B「AをBに持ち込む」に言い換えています。少しレベルの高い言い換えですが、allowは「許可」「禁止」の話題でライティング・スピーキングの「意見を述べる問題」でよく使うので、ぜひこの機会にマスターしましょう。

ところで、「まとめ」の文の最初にTherefore「したがって」とあったわ。これも論理マーカーだよね。

その通り！　この表現によって、「ここからまとめです」と伝わるね。他に以下のような表現があるよ。

- For these reasons, 〜.「これらの理由から〜」
- That is why I think 〜.「そういうわけで、〜だと思います」
- These are the reasons why I think 〜.「これらが、〜だと思う理由です」

ここで、問題の指示文を振り返ってみましょう。

●QUESTIONについて，あなたの意見とその理由を２つ英文で書きなさい。

必ず書くのは「意見」と「2つの理由」でしたね。つまり、「意見」と「2つの理由」で十分に濃い内容が書けたら、「まとめ」は書かなくてもよいです。言い換えると、語数が足りないときに「まとめ」を書くことができます。ただし、先に述べた通り、最初に書いた「意見」と異なる表現で書くようにしましょう。

確認したら□に✔を入れよう。

□2つの「理由」はFirst, ... Second, ... などを使って明確にする
□「まとめ」は「意見」と違う表現を使う
□「まとめ」はTherefore, ... などで始める
□「意見」と「2つの理由」で十分に濃い内容が書けたら、「まとめ」はなくてもよい

筆記5 英作文

メモの書き方・見直し

英文の書き方は十分に理解できたかしら？　ここでは、解答を書く準備について話すわよ。いわゆる「メモ書き」のことね。

QUESTIONを読んで、書く内容をメモするんだね。

そう。率直に言うと、メモの書き方は何でもいいの。本人が読み取れたら略字を使ったりひらがなで書いてもいいのよ。コツをいくつか紹介するわね。

- ✔QUESTIONを読んで、意見（賛否など）を決める。
- ✔理由をできるだけたくさん書き出す。
  ⇒このとき理由が1つしか思いつかなければ、逆の立場で考え直してみる。
- ✔書き出した理由から、2つ選ぶ。
- ✔理由の具体例や補足説明を考える。
- ✔意見と2つの理由が考えられたら、今一度QUESTIONに戻って、「QUESTIONに対してふさわしい内容になっているか」「意見が終始一貫しているか」を確認する。
- ✔語数の目安をつける。
- ✔語数によって、理由の前の前置きの文や「まとめ」を入れるかどうか検討する。

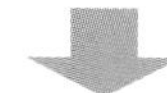

解答となる英文を書き始めよう！

結構たいへんね。何問も問題を解いて慣れておかないと！　ちなみに、解答時間の目安は20分だったわよね。メモの時間も考えておかないとね。

いい心構えね。実際に何問も問題を解いていくうちに、自分のペースが決められるといいね。あと、もう一つ大事なこと！　解答を書いた後の「見直し」の時間も必要だから注意して。

〈解答時間の配分の目安〉

1. QUESTIONを読んで理解する…1分
2. 解答の準備をする（メモ書き）…7分
3. 解答の英文を書く…10分
4. 見直しをする…2分

〈見直しのチェック項目〉

□「意見」がQUESTIONに対応する内容になっているか。マスト！
□「理由」が2つ書けているか。マスト！
□論理マーカーを使って「意見」「理由」「まとめ」が分かりやすい文章になっているか。
□主張が終始一貫しているか（途中で意見に矛盾がないか）。
□適切な語彙が使えているか（同じ語句を繰り返し使っていないか）。
□文法が正しいか。
□つづりが正しいか。
□文頭は大文字、ピリオドを付ける、などの基本ルールに沿っているか。

このチェック項目は、この後の「練習しよう」の問題ごとに入れていますので、見直しのときに確認できたら□に✔マークを入れて活用してください。特に上の2つが重要なので、書き終わったら必ずチェックしましょう。

本番形式で解く前に、以下の解答手順に沿って英文を書く練習をしましょう。

手順1 問題を読みましょう。(約1分)

- ●あなたは，外国人の知り合いから以下のQUESTIONをされました。
- ●QUESTIONについて，あなたの意見とその理由を２つ英文で書きなさい。
- ●語数の目安は50語～60語です。
- ●解答欄の外に書かれたものは採点されません。
- ●解答がQUESTIONに対応していないと判断された場合は，0点と採点されることがあります。QUESTIONをよく読んでから答えてください。

QUESTION

Do you think it is important for small children to learn English?

手順2 下の「メモ欄」を利用して、解答の準備をしましょう。(約7分)

意見（賛否など）	
理由 *思いつくだけ書き出す *理由の具体例や補足説明も書く	・ ・ ・ ・ ・ ・

手順3　下のテンプレートに沿って、英文を書きましょう。終わったら、語数を数えましょう。（約10分）

意見 （1文）	I think / I do not think
理由1 （1～2文）	First,
理由2 （1～2文）	Second,
まとめ （省略可）	Therefore,

語数（　　　）語

手順4　下のチェック項目に沿って、見直しをしましょう。（約2分）

- □「意見」がQUESTIONに対応する内容になっているか。マスト！
- □「理由」が2つ書けているか。マスト！
- □ 論理マーカーを使って「意見」「理由」「まとめ」が分かりやすい文章になっているか。
- □ 主張が終始一貫しているか（途中で意見に矛盾がないか）。
- □ 適切な語彙が使えているか（同じ語句を繰り返し使っていないか）。
- □ 文法が正しいか。
- □ つづりが正しいか。
- □ 文頭は大文字、ピリオドを付ける、などの基本ルールに沿っているか。

前ページの解答例と訳・解説を確認しましょう。

質問とその訳

QUESTION

Do you think it is important for small children to learn English?

「小さな子供が英語を学ぶことは重要だと思いますか」

解答例

①I think it is important for small children to learn English. ②First, Studying English can increase children's brain power. ③They can improve their native language skills by studying another language. ④Second, if they master English, they will be able to have a wider variety of jobs in the future. ⑤Therefore, small children should learn English.

[55語]

解答例の訳

私は小さな子供が英語を学ぶことは重要だと思います。第1に、英語を勉強することで子供の知力が高まります。別の言語を勉強することで母語の言語能力が高められます。第2に、英語が使いこなせたら、将来的により幅広い職種に就くことができるでしょう。したがって、小さな子供は英語を学ぶべきです。

英文構成

①「意見」⇒②「理由1」⇒③「理由1の補足」⇒④「理由2」⇒④「まとめ」

解答例を1文ずつ詳しく見ていきましょう。

第1文：I think ...の形で質問文のトピックの語句をそのまま用いて意見を述べています。この解答例はYesの立場ですね。

第2～3文：First, ...の後、1つ目の理由として、「子供の能力が高まる」という点を説明しています。increaseとimproveのように、似た意味でも別の語が使えると印象がよくなります。

第4文： Second, ...の後、2つ目の理由を述べています。1文目の理由とは視点（してん）を変えて「将来に役立つ」という理由です。

第5文： Therefore, ... の形で意見を短くまとめています。第1文（＝トピックの語句）とは違う（ちが）表現（ひょうげん）になっていることを確認しましょう。

重要表現

□it is important for A to ～　Aが～することは重要だ

□can improve[increase]　～をよくすることができる

□by -ing　～することで

□if ～, ...　もし～なら、…

□will be able to ～　～することができるだろう

□should ～　～するべきだ

準2級の英作文は小中学生にも馴染み（なじ）のある話題がほとんど。ふだんからさまざまな話題について賛成（さんせい）・反対の意見を持っておこう。試験ではそれを英語で表現してみてね。

練習しよう！

本番形式で英作文の問題を解(と)きましょう。

- あなたは，外国人の知り合いから以下のQUESTIONをされました。
- QUESTIONについて，あなたの意見とその理由を２つ英文で書きなさい。
- 語数の目安は50語～60語です。
- 解答欄(らん)の外に書かれたものは採点(さいてん)されません。
- 解答がQUESTIONに対応(たいおう)していないと判断(はんだん)された場合は，0点と採点されることがあります。QUESTIONをよく読んでから答えてください。

QUESTION

Do you think high school students should do volunteer activities?

メモ欄

- □「意見」がQUESTIONに対応(たいおう)する内容(ないよう)になっているか。マスト！
- □「理由」が2つ書けているか。マスト！
- □ 論理(ろんり)マーカーを使って「意見」「理由」「まとめ」が分かりやすい文章になっているか。
- □ 主張(しゅちょう)が終始一貫(しゅうしいっかん)しているか（途中(とちゅう)で意見に矛盾(むじゅん)がないか）。
- □ 適切(てきせつ)な語彙(ごい)が使えているか（同じ語句を繰(く)り返し使っていないか）。
- □ 文法が正しいか。
- □ つづりが正しいか。
- □ 文頭は大文字、ピリオドを付ける、などの基本(きほん)ルールに沿(そ)っているか。

ライティング解答欄

解答・解説

質問とその訳

Do you think high school students should do volunteer activities?

「高校生はボランティア活動をするべきだと思いますか」

解答例 (賛成の場合)

①I think high school students should do volunteer activities because they can learn many things. ②For example, they can have a chance to work with people from a different generation. ③In addition, doing volunteer work makes students think about their future. ④Therefore, it is good for high school students to do volunteer work. [53語]

解答例の訳

高校生はボランティア活動をするべきだと思います。というのも、彼らは多くのことが学べるからです。たとえば、彼らは異なる世代の人々と一緒に働く機会が持てます。加えて、ボランティア活動をすることは、学生に自分の将来について考えさせます。したがって、高校生にとってボランティア活動をするのはよいことです。

英文構成 ①「意見+理由1」⇒②「理由1の具体例」⇒③「理由2」⇒④「まとめ」

解説 第1文は、I think ...の形で質問文のトピックの語句をそのまま用いた後、becauseを用いて1つ目の理由を続けている。can learn many things「多くのことが学べる」と述べた後、第2文でFor exampleを使ってmany thingsの具体例を説明している。第3文は〈make+人+動詞の原形〉「(人)に~させる」の文型。このように準2級の文法が使えると評価が高くなるだろう。「まとめ」となる第4文では、第1文の「意見」と表現を言い換えて、It is ~ for A to *do*「Aにとって…することは~だ」の構文を使っている。

別解 （反対の場合）

①I do not think high school students should do volunteer activities. ②I have two reasons. ③First, students are too busy to do volunteer work. ④If they have free time, they should study instead of doing volunteer activities. ⑤Second, there is some dangerous work. ⑥There is not much work that is good for students with no special skills. [57語]

別解の訳

高校生はボランティア活動をすべきだとは思いません。理由が2つあります。第1に、学生は忙(いそが)しすぎてボランティア活動ができません。もし彼らに自由時間があれば、ボランティア活動をする代わりに勉強すべきです。第2に、中には危険(きけん)な作業もあります。特別なスキルのない学生にふさわしい仕事はあまりありません。

英文構成 ①「意見」⇒②「前置き」⇒③④「理由1」⇒⑤⑥「理由2」

解説 「意見」の後に「前置き」を入れて「まとめ」を省略(しょうりゃく)し、理由を2文ずつで書いている。第3文のtoo ～ to *do*「～すぎて…できない」はネガティブな内容(ないよう)を説明するときに便利な表現。他に、Anyone who wants to do volunteer activities can do them.「ボランティア活動はやりたい人がやればいい」のような理由も可能(かのう)。

重要表現

□can learn (about ～) （～について）学べる

□For example, ～ たとえば～

□have a chance to *do* ～する機会がある

□〈make＋人＋動詞の原形〉（人）に～させる

□It is ～ for A to *do* Aにとって…することは～だ

□too ～ to *do* ～すぎて…できない

□If ～, ... もし～なら、…

□instead of -ing ～する代わりに

□There is [are] ～ ～がある［いる］

●あなたは，外国人の知り合いから以下のQUESTIONをされました。

●QUESTIONについて，あなたの意見とその理由を２つ英文で書きなさい。

●語数の目安は50語〜60語です。

●解答欄の外に書かれたものは採点されません。

●解答がQUESTIONに対応していないと判断された場合は，０点と採点されることがあります。QUESTIONをよく読んでから答えてください。

QUESTION

Do you think it is better for people to live in a big city or in the countryside?

メモ欄

- □「意見」がQUESTIONに対応する内容になっているか。マスト!
- □「理由」が２つ書けているか。マスト!
- □ 論理マーカーを使って「意見」「理由」「まとめ」が分かりやすい文章になっているか。
- □ 主張が終始一貫しているか（途中で意見に矛盾がないか）。
- □ 適切な語彙が使えているか（同じ語句を繰り返し使っていないか）。
- □ 文法が正しいか。
- □ つづりが正しいか。
- □ 文頭は大文字、ピリオドを付ける、などの基本ルールに沿っているか。

ライティング解答欄

解答・解説

質問とその訳

Do you think it is better for people to live in a big city or in the countryside?

「人々が暮らすのは都会と田舎ではどちらのほうがよいと思いますか」

解答例（都会を選んだ場合）

①I think living in a big city is better. ②To start, there are more shops and restaurants in big cities, so people always have more options. ③Also, there are more job opportunities in urban areas than rural ones. ④Many people believe that they can have a better life with more money. ⑤Therefore, I think people should live in big cities. [60語]

解答例の訳

都会に住むほうがいいと思います。まず、都会のほうが店やレストランが多いため、人々は常により多くの選択肢があります。また、農村部よりも都市部のほうが雇用の機会が多くあります。多くの人々は、より多くのお金があればより豊かな生活がおくれると信じています。したがって、人々は都会に住むべきだと思います。

英文構成 ①「意見」⇒②「理由1」⇒③④「理由2」⇒⑤「まとめ」

解説 Do you think it is better for ～ to ... A or B? タイプの質問で、AとBのどちらのほうがよいかを書く。2者を比較したトピックでは、解答例のように比較級を効果的に使うこと。第3文ではトピックのa big cityとthe countrysideをurban areas、rural ones（=areas）と言い換えている。第4文のMany people believe that ...は、一般的な事柄を客観的に述べるのに使える。that以下は、having more money means having a better lifeや、more money brings about a richer lifeのような無生物主語の表現で表すこともできる。

別解 （田舎を選んだ場合）

①I think living in the countryside is better. ②First, there is too much information and daily life is stressful these days. ③People can have a relaxed life in the countryside surrounded by nature. ④Also, thanks to the Internet, people can buy most things wherever they are. ⑤These are the reasons why I think people should live in the countryside. [59語]

別解の訳

田舎に住むほうがいいと思います。第1に、最近は、情報(じょうほう)がありすぎて日々の生活はストレスが多いです。人々は自然に囲(かこ)まれた田舎で穏(おだ)やかな生活がおくれます。また、インターネットのおかげで、人々はどこにいても大抵(たいてい)の物を買うことができます。これらが、人々は田舎に住むべきだと思う理由です。

英文構成 ①「意見」⇒②③「理由1」⇒④「理由2」⇒⑤「まとめ」

解説 「田舎」のほうがよい理由として、田舎の利点と都会の欠点を根拠(こんきょ)にしている。第2文のtoo much [many] ～「あまりに多くの～、～がありすぎる」という表現は、物事の欠点などネガティブな内容(ないよう)に使える。wherever they are「どこにいようとも」や、surrounded by ～「～に囲まれた」のような文法が使えると高い評価(ひょうか)がもらえるだろう。第3文はPeople can relax in the countryside with a lot of nature.のようにも表せる。

使える定型表現

□Many＋名詞 多くの～
□too much [many] ～ あまりに多くの～、～がありすぎる
□these days 最近
□thanks to ～のおかげで

ライティングのための重要表現

論理マーカー

ここまでで何度も出てきた**論理マーカー**ですが、ライティングに重要な表現をここで整理します。

〈理由〉

□First, ～ Second, ... 第1に～。第2に…。

□First of all [To begin with / To start], ～ まず～

□Also, ～ また～

□In addition, ～ さらに～、加えて～

〈補足説明・具体例〉

□For example, ～ たとえば～

□A such as B / A like B （たとえば）BのようなA

〈まとめ〉

□Therefore, ～ したがって

□So, ～ だから～

□For these reasons, ～ これらの理由から～

□That is why I think ～ そういうわけで、私は～だと思います

□These are the reasons why I think ～ これらが、～だと思う理由です

ライティングで使える定型表現

次に、ライティングで使える「定型表現」を紹介します。以下の表現はすべて、さまざまなテーマの課題に応用できますので、ぜひ使えるようにしておきましょう。また、スピーキングの「自分の意見を述べる問題」（No. 4, 5）にも使えるので、発音練習をして、「書ける」だけでなく「言える」ようにしておきましょう。（スピーキングNo.4の定型表現は269～270ページを参照）

□S can ～　Sは～できる

□S should ～　Sは～すべきだ

□S is good for A　SはAにとってよい

□S is useful for A　SはAにとって便利だ

□S need to *do*　Sは～する必要がある

□S can learn (about ～)　Sは（～について）学べる

□S have a chance to *do*　Sには～する機会がある

□S is a good experience for A　SはAにとってよい経験になる

□Many＋名詞 ～　多くの～

□Some＋名詞 ～　一部の～、～もある［いる］

□There is [are] ～　～がある［いる］

□It is ～ for A to *do*　Aにとって…することは～だ

□these days　最近

□A because B　Bなので、A

□because of　～のために、～が原因で

□not only A but also B　Aだけでなく、Bも

□If A, B.　もしAなら、B

□When A, B.　Aのとき、B

□too ～ to *do*　～すぎて…できない（ネガティブ）

□too much [many] ～　あまりに多くの～、～が多すぎる（ネガティブ）

□thanks to　～のおかげで（ポジティブ）

無生物主語の文

makeなどの使役動詞、allow、enableなどの動詞は、「無生物主語」の文（もの・ことが主語になる文）で使う代表的な動詞です。ライティングで無生物主語の文を使うとレベルの高い解答になります。スピーキングでも同様なので、言えるように練習しておくとよいでしょう。

〈無生物主語でよく使う動詞〉

□give　～を与える

□lead　～を導く、もたらす

□cause　～の原因となる

□bring about　～をもたらす

□prevent　～を妨げる　　□stop　～を食い止める、妨げる

□save　～を救う、節約する　　□make OC　OをCにする

□help　～を助ける、～の役に立つ

□encourage O to *do*　Oに～するよう励ます［促す］

□allow O to *do*　Oが～するのを許す、（主語のため）Oが～できる

□enable O to *do*　Oが～するのを可能にする、（主語のため）Oが～できる

*以下は、［　］の語句が無生物主語です。

The Internet can **help** them **save** time.
「インターネットは彼らが時間を節約するのに役立つ」

Some schools **encourage** students **to study** abroad for a year.
「学生が1年間留学するのを奨励している学校もある」

More knowledge and skills will **enable** students **to get** better jobs.
「もっと知識とスキルがあれば、学生はよりよい職に就けるだろう」

比べてみよう

If students have more knowledge and skills, they will be able to get better jobs.
Students will be able to get better jobs with more knowledge and skills.
⇒ifを用いた文や「人」が主語の文よりも、無生物主語のほうが英語らしい表現になります。

〈「人」を目的語とする動詞〉

□surprise　～を驚かせる　　□please　～を喜ばせる

□satisfy　～を満足させる　　□disappoint　～をがっかりさせる

A lot of garbage on the beach will **disappoint** tourists.
「浜辺にごみがたくさんあると、観光客はがっかりするだろう」

Listening

リスニング

リスニングの出題形式

リスニング（約25分・放送はすべて1回）

問題	出題形式		問題数
第1部	会話の応答文選択	会話の最後の発話に対する応答として最も適切なものを補う。（3択）	10問
第2部	会話の内容一致選択	会話の内容に関する質問に答える。（4択）	10問
第3部	文の内容一致選択	短いパッセージの内容に関する質問に答える。（4択）	10問

リスニングは第1部～第3部に分かれています。3級と同じ出題形式ですが、英文がすべて1回しか読まれない点が異なります（3級は第1部以外は2回読まれます）。

◆第1部

男女による会話で、会話の最後の発話（ABAのAのセリフ）に対する応答として最も適切なものを3つの選択肢から選ぶ問題です。選択肢は問題用紙に書かれておらず、耳だけで聞いて判断します。

◆第2部

男女による会話（ABAB）の後、その内容に関する質問が流れます。その質問に対する応答として最も適切なものを、問題用紙の4つの選択肢から選ぶ問題です。質問は問題用紙には書かれていません。

◆第3部

短いパッセージの後、その内容に関する質問が流れます。その質問に対する応答として最も適切なものを、問題用紙の4つの選択肢から選ぶ問題です。質問は問題用紙には書かれていません。パッセージは、①架空の人物のエピソード（フィクション）、②アナウンス、③説明文（ノンフィクション）の3種類です。割合としては10問中、①がほとんどで、②と③は各1～2問です。

リスニングの傾向・対策

Q：1回の放送はどうやって聞けばいい？

A：3級の第2部、第3部では放送が2回だったので、聞き逃したところを2回目で聞いたり、質問を聞いてから問われている内容に絞って2回目を聞く、といった対策ができましたが、準2級はそれができません。つまり、小手先のテクニックは通用せず、本来の意味での聞き取る力が問われています。問題用紙に質問が書かれていませんので、一連の放送が終わるまで質問内容が分からない、というのが難しい点です。

解くコツは以下の3点です。

①放送を聞く前に選択肢をざっと見て、話題や質問内容を推測する

②会話や英文の流れのパターンを知る

⇒問題をたくさん解いていると、「いつもは～だが、今日は…」、「予定では～だったが、変更になった」、「提案⇒賛成・反対」、「問題が生じた⇒結果は？」のような決まった流れがあることが分かってきます。

③放送文と選択肢との言い換えに慣れる

Q：リスニングで点数が取れないのはどうして？

A：リスニングの問題が解けない理由として、主に3つ考えられます。

理由1　**意味を知らない単語が多い**

⇒知らない単語は耳で聞いても分かりませんね。リスニングの語彙レベルは筆記ほど高くありませんが、語彙力を増やしましょう。

理由2　**読めば分かるけれど、聞くと分からない**

⇒単語の発音を誤って覚えている可能性があります。単語は聞くだけでなく声に出して読むことで、正しい発音を身につけましょう。

理由3　**話題に馴染みがない**

⇒準2級は日常的な話題なので、この点は大きな問題にならないと思いますが、日頃からいろいろなことに興味をもつようにしましょう。

リスニング　第1部

先生！　重大な問題発見です！　問題用紙に設問がありません。

ミスではないわよ。第1部は音声のみで行われるの。つまり、耳で聞くだけで答えを選ばなければならないの。

音声だけ？！　そんなにずっと集中できないよ。ただでさえリスニングが苦手なんだ。

大丈夫。1語1句すべて聞き取らなければならないわけではないの。日本語での会話を想像してみて。聞き取れないところがあっても前後の文脈でだいたい理解しているわよね。英語でもそれは同じ。会話の主旨、話し手の状況、意図、要望などを大まかに捉えることがポイント。それと、第1部では、会話の最後が大きな手がかりになるのよ。

会話は1回しか読まれないから、会話が始まったら大まかな内容をつかみつつ、最後の発言に集中したらいいのね。

そう！　じゃあ、早速始めるわよ。

第1部は会話のシーン別に問題を解いていきます。第1部の会話のシーンは、主に以下の3パターンです。

①友達同士の会話　②夫婦や親子の会話　③店員やスタッフとの会話

まず、①友達同士の会話の問題から解いてみましょう。思い出してくださいね。会話の最後の文の聞き取りが大事です。

Let's TRY

パターン1 友達同士の会話

1

音声で会話を聞きましょう。女性⇒男性⇒女性のやり取りの後に選択肢が3つ読まれるので、1，2，3から最も適切なものを選んでください。最初のうちは答えを選べるまで何回聞いてもかまいません。

答え（　　　　）

答えを選んだら、スクリプトと解説を確認しましょう。

W: I hear you've lived in Europe.
M: Yes. I went to study in Vienna for four years.
W: Did you? What did you study there?
in Vienna のこと

〈選択肢〉
1 It was about science.
2 Piano at a music university.
3 I usually study at home.

これは友達同士の会話ね。会話の最後は聞き取れたかしら？

What did you study there?「そこでは何を学んだの？」だよね。「学んだこと」を答えると考えると、1のscienceも気になったけど、It wasが合わないわ。だから、正解は2かしら？

正解！　2のPiano at a music university.は主語と動詞がないけど、「音楽大学でピアノを（学んだ）」という意味ね。

リスニング

訳　W: あなた、ヨーロッパに住んだことがあるらしいわね。
M: うん。ウィーンに4年間勉強しに行ったよ。
W: そうなの？　そこで何を学んだの？
1　それは科学についてだったよ。
2　音楽大学でピアノを（学んだよ）。
3　僕(ぼく)はふだん、家で勉強するよ。

✎会話中のViennaという単語は知っていたでしょうか。日本語だと「ウィーン」ですが、英語ではずいぶん違(ちが)う発音です。でも、これが「聞き取れなくてもいい単語」の例です。I went to ～ in XXという文脈(ぶんみゃく)から、Viennaは「場所」だってことが分かれば十分です。

★誤答(ごとう)チェック★

1　これもscienceという具体的な科目を答えていますが、Itの指すものがありません。
3　最後の文にあるstudyが含(ふく)まれていますが、at homeと「場所」を答えていて、時制も不(ふ)適切(てきせつ)です。

（正解　2）

リスニングのコツ

✔第1部では「最後の1文を聞き取ること」が重要。最初の方で知らない単語が耳に入ってきても焦(あせ)らない！
✔放送文中の語句と同じ語句を含む選択肢(せんたくし)を早まって選ばないように！

音読練習

183ページで説明した、リスニングの問題が解けない理由の1つ、「読めば分かるけれど、聞くと分からない」に焦点を当ててみましょう。ずばり、「発音できない単語は聞き取れない！」です。その対処法として、音読が有効です。音読はさまざまな方法がありますが、本書ではロールプレイで練習します。

以下の会話は、先ほど解いた問題のスクリプトです。音声では赤字の部分がポーズになっていますので、赤字の部分を読み上げて会話をしましょう。

A 🔊 **2**

W: I hear you've lived in Europe.
M: Yes. I went to study in Vienna for four years.
W: Did you? What did you study there?
M: Piano at a music university.

役割を交代します。チャイム音が鳴ったら、赤字を読んで会話を始めてください。

B 🔊 **3**

〈チャイム〉
W: I hear you've lived in Europe.
M: Yes. I went to study in Vienna for four years.
W: Did you? What did you study there?
M: Piano at a music university.

結構難しいぞ。でも、何回か音読しているうちに早く読めるようになってきたかも。

その調子！　発音の自信がないところがあれば、音声を聞いて確かめようね。声に出して言うことは面接の「話す」練習にもなるので、しっかり取り組もう。

Let's TRY

パターン2 夫婦や親子の会話

4

会話を聞いて、その最後の文に対する応答として最も適切なものを，1，2，3から選んでください。

答え（　　　）

答えを選んだら、スクリプトと解説を確認しましょう。

M: Welcome home, Zora. What's the matter? You look upset.
W: I can't find my smartphone, Dad. I think I left it on the bus.
M: That's too bad. You should call the bus company.

〈選択肢〉
1 Actually, I found it there.
2 Well, I didn't take a bus today.
3 Yeah. I'll do that right away.

さっきより少し長いけど、聞き取れたかしら？　親子の会話だね。

うん。Welcome homeや、Dadから娘と父親の会話だと分かったよ。女の子はバスにスマホを置き忘れたという話だよね。最後のセリフは疑問文じゃないね。「バス会社に電話したほうがいいよ」だから、3を選んだよ。

正解！　3のdo thatは「バス会社に電話をすること」。このYou should ... は「話し手の助言・提案」の表現で、女の子はお父さんの助言を受け入れているね。実際、第1部の最後のセリフはこのように疑問文以外のことが多いのよ。

訳　M: お帰り、ゾーラ。どうかした？　動揺しているみたいだけど。

W: スマホが見つからないの、お父さん。バスに置き忘れたんだと思う。

M: それは大変だ。バス会社に電話したほうがいいよ。

1　実は、そこでそれを見つけたの。

2　えっと、今日はバスに乗らなかったわ。

3　そうね。すぐにそうするわ。

✎女の子のI think I left it on the bus.のitは「スマホ」のことです。リスニングでは「このitは何かな？」と前に戻って確認できないですが、頭の中で状況がイメージできていればI left ... on the busという文脈からit＝「バスに置き忘れたもの」というふうに理解できます。You should ...と言われたら、その助言・提案を受け入れるか、受け入れないかを想像して聞き進めてみましょう。同様に、You shouldn't ...なら忠告、Come to ...なら指示・勧誘、I can ～（for you）.なら申し出、のように考えます。

★誤答チェック★

1　itがスマホのことだとしても、「見つけた」では流れに合いません。

2　女の子の「バスに置き忘れたと思う」は、バスは乗ったことを意味するので、「バスに乗らなかった」は状況に反します。会話中のbusに惑わされないようにしましょう。

（正解　3）

リスニングのコツ

✔itやthemが指す内容がポイント。放送は1回なので、同レベルの短い英文を「読む」ときも、返り読みをせずに「前から順に理解する」癖を付けておこう！

✔最後の文は、疑問文でなくても、話者の状況、意図（気持ち、要望など）をくみ取って考える！

音読練習

問題のスクリプトを用いてロールプレイをしましょう。音声では赤字の部分がポーズになっていますので、赤字の部分を読み上げて会話をしましょう。

A 🔊 **5**

M: Welcome home, Zora. What's the matter? You look upset.
W: I can't find my smartphone, Dad. I think I left it on the bus.
M: That's too bad. You should call the bus company.
W: Yeah. I'll do that right away.

役割(やくわり)を交代します。チャイム音が鳴ったら、赤字を読んで会話を始めてください。

B 🔊 **6**

〈チャイム〉
M: Welcome home, Zora. What's the matter? You look upset.
W: I can't find my smartphone, Dad. I think I left it on the bus.
M: That's too bad. You should call the bus company.
W: Yeah. I'll do that right away.

重要表現

- □What's the matter?　どうしたの
- □upset　取り乱(みだ)して、動揺(どうよう)して
- □leave＋O＋（場所）　（場所に）Oを置き忘(わす)れる
- □That's too bad.　それはいけないね、それは気の毒(どく)に
- □actually　実は
- □right away　今すぐに

What's the matter?やWhat's wrong?は相手を心配してかける言葉よ。これが聞こえたら、「何か問題があったのかな？」と思って聞き進めよう。

Let'sTRY

パターン3 店員やスタッフとの対話

🔊 7

会話を聞いて、その最後の文に対する応答として最も適切なものを，1，2，3から選んでください。

答え（　　　）

答えを選んだら、スクリプトと解説を確認しましょう。

W: Are you ready to order, sir?
M: I'd like to try some local dishes. I see some explanations are written for each dish, but I can't read Spanish.
W: Oh, sure. Would you like an English menu?

〈選択肢〉

1 Yes, that'd be great, thanks.
2 Oh, I can see it better now.
3 Don't worry, just bring me water.

Are you ready to order, sir? から始まるから、注文する場面ね。レストランの客とスタッフの会話だね。

最後のセリフはWould you like an English menu? ね。Would you like ...? は相手に物を勧める表現だから、客はそれを受け入れるか、拒否するか。1が正解？　お礼を言っているから、受け入れていることになるわ。

正解！　1のthatは「店員が英語のメニューを持ってくること」だね。

訳 W: ご注文をお伺いしましょうか。

M: 何か地元の料理を食べてみたいと思っています。それぞれの料理の説明が書かれているようですが、スペイン語が読めません。

W: あ、そうですね。英語のメニューをお持ちしましょうか。

1 ええ、そうしていただけると助かります、ありがとう。

2 ああ、今はそれがよく見えます。

3 ご心配なく、水だけ持ってきていただければ。

✎男性客のI see some explanations are written for each dish, but I can't read Spanish. ですが、「それぞれの料理の説明が書かれているようですが、スペイン語が読めないのです」とはつまり、メニューがスペイン語で書かれていることを意味します。このように、会話では直接的な言い方を避けて、少し遠回しに言うことがよくあります。準2級くらいになってくると、こういった「話者の意図」をいかに把握できるかがポイントになります。
Would you like ...?のような基本的な会話表現を覚えましょう（筆記2の84ページを参照）。また、それぞれの会話表現の応答例を198〜199ページにまとめていますので、そちらも確認しましょう。

★誤答チェック★

2 この流れではitはan English menuになりそうですが、見えなかったものが見えるようになったという意味なので、不適です。

3 Would you like ...?に対してDon't worryは合いそうですが、メニューが読めずに店員に助けを求めている状況なので、水だけ持ってくるよう頼むのは不自然です。

（正解 1）

リスニングのコツ

✔基本的な会話表現とその応答のしかたを知る！

✔出だしは合っていても、その後が不適切な選択肢に気をつける！

音読練習

問題のスクリプトを用いてロールプレイをしましょう。音声では赤字の部分がポーズになっていますので、赤字の部分を読み上げて会話をしましょう。

A 🔊 8

W: Are you ready to order, sir?
M: I'd like to try some local dishes. I see some explanations are written for each dish, but I can't read Spanish.
W: Oh, sure. Would you like an English menu?
M: Yes, that'd be great, thanks.

I see ...の文は少し長いけど、すらっと読めたかしら？　explanationsの発音は大丈夫？　このロールプレイは、面接の「カードの音読」の練習にもなるので、音声を真似して流暢に読めるまで繰り返し練習しようね。

役割を交代します。チャイム音が鳴ったら、赤字を読んで会話を始めてください。

B 🔊 9

〈チャイム〉
W: Are you ready to order, sir?
M: I'd like to try some local dishes. I see some explanations are written for each dish, but I can't read Spanish.
W: Oh, sure. Would you like an English menu?
M: Yes, that'd be great, thanks.

重要表現

□be ready to *do*　～する準備ができている
□order　（～を）注文する
□explanation　説明

練習しよう!

本番形式でリスニング第1部の問題を解(と)きましょう。

第1部　対話を聞き、その最後の文に対する応答(おうとう)として最も適切(てきせつ)なものを、放送される1，2，3から1つ選び、その番号をマークしなさい。

10 No. 1

①②③

11 No. 2

①②③

12 No. 3

①②③

解答・解説

No.1 正解 **3**

スクリプトと訳

W: What are you reading, Ted?

M: This is a book about a Japanese chef who succeeded in Australia.

W: Sounds interesting. Is it your homework?

最後のセリフが重要！

1 Yes, I had lunch there today.

2 Well, it doesn't work well.

3 No, I just like reading.

W: 何を読んでいるの、テッド？

M: これはオーストラリアで成功した日本人シェフについての本だよ。

W: 面白そうね。宿題なの？

1 うん、今日はそこでランチを食べたんだ。

2 ええと、それはうまくいかない。

3 いや、僕は読書が好きなだけだよ。

解説　友達同士の会話。話題は男の子が読んでいる本で、女の子は最後にIs it your homework?「それ（＝その本を読むこと）は宿題なの？」と聞いている。これに対応するのは、No「違う」と言った後、「読書が好きなだけだ（から読んでいる）」という意味になる3である。

This is a book about a Japanese chef who succeeded in Australia.は、「これは本だ→日本人シェフについての→成功した→オーストラリアで」のように、聞こえた順に理解できるようになろう。

★誤答チェック★

1 Yesは「宿題だ」という返事になるが、その後のI had lunch there todayが流れに合わない。

2 itの指す内容が不明で、「宿題なの？」という質問に合わない。

No.2 正解　1

スクリプトと訳

W: Welcome to Sally's Store.

M: Hi. Where can I find a water bottle? I couldn't find one in the travel or sports sections.

a water bottleのこと

W: We have many in the household goods section. It's on the second floor.

the household goods sectionのこと

1 Thanks, I'll go there and look.

2 OK, maybe I'll call back later.

3 Hmm. I think it's too expensive.

W: サリーズストアにようこそ。

M: こんにちは。水筒はどこにありますか。トラベル用品のコーナーにもスポーツ用品のコーナーにも見つかりませんでした。

W: 日用品コーナーにたくさんございます。それは2階にございます。

1 ありがとう、そちらに行って見てみます。

2 分かりました、あとでかけ直そうと思います。

3 う～ん。それは高価すぎると思います。

解説　店員と客の会話。男性客は水筒の売り場を尋ねている。店員はIt's on the second floor.と場所を伝えているので、これに対応するのは、お礼を述べて「そこ（＝2階）に行って見てみます」という1である。household goodsなど各コーナーの詳細は聞き取れなくても解ける。

★誤答チェック★

2 売り場での会話なので「（電話を）かけ直す」は合わない。

3 商品を見て話していないので、値段についてコメントするのは不自然。

重要表現

□not A or B　AもBも～ない

No.3　**正解　2**

スクリプトと訳

W: Honey, I got the results from my checkup.

M: How were they?

W: Fairly good on the whole. I was told not to eat too much sugar, though.

1　Great. Let's check the e-mail.

2　That's what I always say.

3　Well, you'd better eat more.

W: あなた、健康診断の結果をもらったわ。

M: どうだった？

W: まあ全体的にいいわ。糖分を摂りすぎないように言われたけどね。

1　いいね。メールを確認しよう。

2　それは僕がいつも言ってることじゃない。

3　う～ん、君はもっと食べたほうがいいね。

解説　Honeyが聞こえたら夫婦の会話だ。話題は女性の健康診断の結果。最後のセリフがこれくらい長い場合もある。..., though.は「…だけれどね」という意味で、直前の発言と対立する。I was told not to eat ...は、tell O to *do*「Oに～するよう言う」の受動態で、not to *do*は「～しないように」という意味。「(医者に) 糖分を摂りすぎないように言われた」という女性のコメントに対応するのは2で、Thatは「糖分を摂りすぎないこと」を表す。what S sayは「Sが言うこと」という意味。

★誤答チェック★

1　checkupのcheckに惑わされないように。また、..., though.というネガティブな話に対してGreatは不自然。

3　「糖分を摂りすぎないように」という話なので、eat moreは不自然。

会話表現とその応答

筆記2（84ページ）では、準2級で覚えておきたい会話表現をまとめましたが、ここではその応答例を紹介します。

基本と応用に分けていますが、リスニング第1部の「最後のセリフ→受け答え（正答）」では実際、Yes. / Sure.のような単純な応答はなく、その後に続く発話がポイントになります。基本を確認しつつ、応用を参考にしてください。また、第2部でもこのような受け答えは会話の流れをつかむポイントになりますので、しっかりと確認しましょう。

〈誘う・提案する〉

Do you want to ～? / Would you like to ～? 「～しませんか」

基本　応じる：Yes. / Sure. / Sounds good.　断る：Sorry, but ～

応用　（店で）Would you like to buy some? 「お買い上げになりますか」

—Yes, three of them, please.「ええ、3つください」⇒応じる

〈お願いする〉

Can [Could] you ～? 「～してもらえますか」

基本　できる：Sure. / OK.　できない：Sorry, but ～

応用　Can you tell me what today's homework is?

「今日の宿題が何か教えてくれる？」

— I was sick today, so I didn't attend.

「今日、具合が悪かったから出席しなかったんだ」⇒できない

I would really appreciate it if you helped me.

「手伝ってくれると本当にありがたいんだけど」

—Sure, I don't have other plans.「いいよ、他に予定はないから」⇒応じる

〈申し出る〉

Do you want me to ～ ? / Can I ～? 「～しましょうか」

基本 お願いする：Yes, please.　断る：No, thank you.

応用 （電話での会話で）Can I take a message? 「伝言を預かりましょうか」

—No, I'll call back again. 「いいえ、またかけ直します」⇒断る

次に、第1部で実際によく出る「疑問文以外のセリフ⇒受け答え」の例を紹介します。「疑問文以外のセリフ」では、話者の状況や意図（気持ち、要望、提案、助言、忠告など）をくみ取ることが重要です。

You should exercise more. 「君はもっと運動したほうがいいね」⇒忠告

└You could ...だと控えめな提案になる

— Right. I'll try to do that. 「その通りね。がんばってみるわ」

Your order is not ready yet. 「お客様のご注文はまだご用意できておりません」

└悪い知らせを伝えている

— That's OK. I don't mind waiting.

「大丈夫です。待つことはかまいませんので」

Maybe I should ask the manager for help.

「上司に助けを求めたほうがいいかな」――自分のすべきことを伝え、相手の助言を期待する

— Yeah. He should have an idea. 「そうね。彼なら何か考えがあるわ」

I need two tickets for adults. / I'd like two, please. ⇒要望

「大人のチケットが2枚必要です」/「2つください」

— That'll be 16 dollars. 「16ドルになります」

（ケーキについて）I made it by myself. 「自分で作ったのよ」⇒自慢

— Wow. Please tell me the recipe. 「すごい。レシピを教えて」

リスニング　第2部

第1部と同様、第2部も会話による問題ね。第2部と第3部の4つの選択肢(せんたくし)は問題用紙に書かれているよ。

質問(しつもん)の答えに合う選択肢を選ぶんだよね。

そう。3級より少し語彙(ごい)・表現(ひょうげん)のレベルが上がり、1つのセンテンスが少し長くなっただけ、と思えば大丈夫(だいじょうぶ)。じゃあ、早速始めるわよ！

第2部は質問パターン別に問題を解(と)いていきます。多くのパターンは第3部と共通なので、ここで押(お)さえておきましょう。⑤と⑧以外はすべて、Whatで始まる質問です。

① 話し手のこの後の行動を問う
② 話し手のしたいことを問う
③ 話し手が抱(かか)える問題を問う
④ 話題を問う
⑤ 理由を問う　…Why質問
⑥ 話し手が言うことを問う
⑦ 会話から分かることを問う
⑧ 状況(じょうきょう)や方法を問う　…How質問

⑨ 話し手AがBに言っていることを問う
⑩ 話し手AからBに対する提案(ていあん)を問う
⑪ 話し手AがBにしてほしいことを問う
⑫ 話し手AからBに対する指示(しじ)を問う
⑬ 話し手AからBに対する要望を問う
（⑨〜⑬）話者2人に関わる問い

定型の質問パターンと言ってもたくさんあるの。以下の質問パターンは覚える必要はないけど、第2部ではどんな内容が問われるか、それは具体的にどんなふうに聞かれるかを知ることで、「放送が1回しかない」ことへの手助けになるから、ざっと読んでみて。

① 話し手のこの後の行動を問う

Q: What will A probably do next? 「Aはおそらく次に何をしますか」

Q: What is A going to do now? 「Aは今から何をしますか」

⇒選択肢は動詞の原形～

② 話し手のしたいことを問う

Q: What does A want to do? 「Aは何をしたいと思っていますか」

⇒選択肢は動詞の原形～

③ 話し手が抱える問題を問う

Q: What is A's problem? 「Aの問題は何ですか」

⇒選択肢はセンテンス

④ 話題を問う

Q: What are they talking about? 「2人は何について話していますか」

⇒選択肢は名詞句

⑤ 理由を問う …Why質問。さまざまな時制で問われる。

Q: Why did A call his daughter? 「Aはなぜ娘に電話をしましたか」

Q: Why won't A join the event? 「Aはなぜイベントに参加しないのですか」

Q: Why can't A make an appointment? 「Aはなぜ予約ができないのですか」

⇒選択肢はセンテンス、またはTo ...「…するため」

⑥ 話し手が言うことを問う …tellやsayを含む

Q: What does A say about B? 「AはBについて何と言っていますか」

⇒選択肢はセンテンス

Q: What does A say she will do tomorrow?

「Aは明日何をすると言っていますか」≒What will A do tomorrow?

⇒選択肢は動詞の原形～

Q: What does A say he is worried about?

「Aは何を心配していると言っていますか」

⇒選択肢は名詞句またはセンテンス

✎疑問詞の後にdoes A sayのような挿入句が入った質問パターンは少しややこしいですが、たとえばこの質問はWhat is A worried about?と同じ意味で、「Aが心配していること」が問われています。聞いて瞬時に理解できるように、質問文の聞き取りも練習しておきましょう。

⑦ 会話から分かることを問う …one thingを含む

Q: What is one thing we learn about A?

「Aについて分かることの1つは何ですか」

⇒選択肢はセンテンス

✎one thingやwe learn aboutを含む問題は英検特有で、準2級で初めて出てきます。Aについての情報を整理して聞けていたら解けるので、落ち着いて選択肢を読んで判断しましょう。

⑧ 状況や方法を問う …How質問

Q: How will A go to ～? 「Aはどのようにして～に行きますか」

⇒選択肢は移動手段

Q: How did A win a prize? 「Aはどのようにして優勝しましたか」

⇒選択肢はセンテンスか、By -ing「～することによって」

〈話者２人に関わる問い〉

⑨　話し手AがBに言っていることを問う　…tellやsayを含む

Q: What does A tell B about C?「AはCについてBに何と言っていますか」

⇒選択肢はセンテンス

⑩　話し手AからBに対する提案を問う　…suggestを含む

Q: What does A suggest that B do?

「AはBに何をするよう提案していますか」

⑪　話し手AがBにしてほしいことを問う　…wantを含む

Q: What does A want B to do?

「AはBに何をしてもらいたいと思っていますか」

⑫　話し手AからBに対する指示を問う　…tellを含む

Q: What does A tell B to do?「AはBに何をするよう言っていますか」

⑬　話し手AからBに対する要望を問う　…askを含む

Q: What does A ask B to do?「AはBに何をするよう頼んでいますか」

⇒⑪～⑬は〈動詞＋O＋to不定詞〉の質問パターンです。⑩～⑬の選択肢はすべて動詞の原形～です。

〈組み合わせパターン〉

Q: Why does A want to ～?「なぜAは～したいのですか」

Q: What is one thing A says?「Aが言うことの１つは何ですか」

Q: What is one thing A says to B?「AがBに言うことの１つは何ですか」

Q: What is one thing A tells B about C?

「AがCについてBに言うことの１つは何ですか」

では、これらの質問パターンから特に重要なものを取り出して、詳しく見ていきましょう。質問に対してどういう部分がヒントになるかを確認することで、コツをつかんでください。

リスニング

Let's TRY

パターン1　話し手のこの後の行動を問う

第2部は4つの選択肢が問題用紙に書かれています。音声を聞く前にまず、この4つの選択肢をざっと見て、話題を推測しましょう。

音声を聞きましょう。女性⇒男性⇒女性⇒男性の会話の後、その内容に関する質問が読まれますので、その答えとして最も適切なものを下の1，2，3，4から1つ選びましょう。

13

1　Get on a bus.
2　Get a seat for the woman.
3　Watch a game on TV.
4　Go to the stadium.

答え（　　　）

答えを選んだら、スクリプトと解説を確認しましょう。

W: Hi, Ben? Sorry, I'll be a little late. My bus came ten minutes late.
M: The game starts in fifteen minutes. What do we do now?
W: If you don't mind, go in first and save me a seat, please?
M: OK, I'll do that.　└正解のカギはココ！

Q: What will Ben do now?

まず、選択肢をチェックするんだよね。

そう。動詞の原形で始まる選択肢は、「人物の動作」が問われるの。単語を見て話題は想像できるかしら？

gameとstadiumがあるから、スタジアムで何か試合があるのかも。

GOOD！　それくらいイメージできればOK！　慣れてきたら、1にあるbusから、「スタジアムへの移動手段について話される」のような推測ができるようになるよ。

放送が流れる前にそんなことする余裕があるかなぁ。

時間がなければ無理して読まなくてもいいわよ。集中力が切れて肝心な部分を聞き逃したらいけないしね。ただ、なぜこの「選択肢から話題を推測する」作業が有効かというと、英検では会話の内容に全く関係のない見当外れの選択肢がないからなの。

へえ、そうなんだ。

質問はwillがあるから「話し手のこの後の行動」についてだよね。

そう。このパターンの正解のカギは会話の最後のほうにあるわよ。

ベンは最後にOK, I'll do that.と言っていたけど、それは女性のgo in first and save me a seat, pleaseを受けているから、正解は2だね。

訳　W: もしもし、ベン？　ごめん、少し遅れる。バスが10分遅れて来たの。

M: 試合は15分後に始まるよ。どうする？

W: もしよかったら、先に入って、私の分の席を確保してもらえない？

M: 分かった、そうするよ。

Q: ベンはこれから何をしますか。

1　バスに乗る。

2　女性のために席を取る。

3　テレビで試合を見る。

4　スタジアムに行く。

✎男性（ベン）のこの後の行動は、go in first and save me a seat, pleaseに手がかりがあります。go inは、会話の状況から、スタジアムの中に入ることだと推測できます。〈save＋人＋a seat〉は「(人）のために席を確保する」という意味で、正解の2では〈get a seat for＋人〉に言い換えています。

〈リスニングの言い換えについて〉

会話中の〈save＋人＋a seat〉⇒〈get a seat for＋人〉のように、正解は通常、会話で出てくる表現と異なるので、言い換えが理解できるかがポイントになります。言い換え表現を使うことで、筆記の読解問題だけでなくリスニングにおいても「語彙力、表現力」の知識を試しているわけです。

（正解　2）

リスニングのコツ

✔未来に関する問題は、会話の最後のほうに手がかりがある！

✔「会話中の表現⇒選択肢」の言い換えを見抜く！

音読練習

第1部でやったように、ここでもロールプレイで音読練習をしましょう。

音声では赤字の部分がポーズになっていますので、赤字の部分を読み上げて会話をしましょう。

A 🔊 **14**

W: Hi, Ben? Sorry, I'll be a little late. My bus came ten minutes late.
M: The game starts in fifteen minutes. What do we do now?
W: If you don't mind, go in first and save me a seat, please?
M: OK, I'll do that.

役割(やくわり)を交代します。チャイム音が鳴ったら、赤字を読んで会話を始めてください。

B 🔊 **15**

〈チャイム〉
W: Hi, Ben? Sorry, I'll be a little late. My bus came ten minutes late.
M: The game starts in fifteen minutes. What do we do now?
W: If you don't mind, go in first and save me a seat, please?
M: OK, I'll do that.

リスニング

重要表現

□What do we do now? （自分と相手の行動について）どうする？
□if you don't mind　もしよければ、差し支(つか)えなければ
□first　先に　＊ここでは「（私を待たずに）先に」ということ
□save　～を確保(かくほ)する

Let's TRY

パターン2 理由を問う

音声で会話とその内容に関する質問を聞き、その答えとして最も適切なものを下の1，2，3，4から1つ選びましょう。

🔊 **16**

1 She is not good at sports.
2 She is busy traveling.
3 She needs more time for study.
4 She wants to work for money.

答え（　　　　）

答えを選んだら、スクリプトと解説を確認しましょう。

M: Are you joining a club at school, Helen?
W: I was supposed to try a new sport, Dad, but I changed my mind. I decided to work at a part-time job instead.
M: Why is that? We're giving you some money every month.
W: Thank you for that, but I want to travel more with my friends.

Q: Why won't Helen join a club?

選択肢はセンテンスね。全部Sheで始まっているから、女性に関する質問かしら。sportsやstudyがあるから学生の話かな？　needsやwantsから女性には要望がありそう。

その調子！　質問はWhy won't ...?で、ヘレンがクラブに入らない理由を尋ねているね。会話中に手がかりはあったかしら？

ヘレンは「代わりにアルバイトをすることにした」と言っているから、アルバイトが理由よね。最後にもヒントがあった。I want to travel more with my friendsと言っている。つまり、「もっと旅行がしたい＝そのためにはお金が必要」ということだから、答えは4ね。

その通り！

訳　M: 学校では何かのクラブに入るの、ヘレン？

W: 新たに何かスポーツをやってみようと思ってたんだけどね。お父さん、気が変わったの。代わりにアルバイトをすることにしたの。

M: どうして？　お金なら毎月いくらかあげているだろう。

W: それはありがたいのだけど、友達ともっと旅行をしたいの。

Q: ヘレンはなぜクラブに入らないのですか。

1　彼女(かのじょ)はスポーツが苦手だから。
2　彼女は旅行で忙(いそが)しいから。
3　彼女は勉強時間がもっと必要だから。
4　彼女はお金のために働きたいから。

✎解答の根拠(こんきょ)となる2箇所(かしょ)（前ページの　の部分）はいずれもbutの後にありますね。butの後には重要な内容(ないよう)が続くので、その部分が問われやすくなります。butが聞こえたらその後をしっかりと聞きましょう。また、ここではI changed my mind「気が変わった」と言っているので、「変更後(へんこうご)」を聞き取ることもポイントです。instead「代わりに」も話の展開(てんかい)に重要な論理(ろんり)マーカーです。

（正解　4）

リスニングのコツ
✔変化について話していたら変更後の内容が問われやすい！ ✔butやinsteadなどの論理マーカーを意識(いしき)して聞く！

音読練習

問題のスクリプトを用いてロールプレイをしましょう。音声では赤字の部分がポーズになっていますので、赤字の部分を読み上げて会話をしましょう。

A 17

M: Are you joining a club at school, Helen?
W: I was supposed to try a new sport, Dad, but I changed my mind. I decided to work at a part-time job instead.
M: Why is that? We're giving you some money every month.
W: Thank you for that, but I want to travel more with my friends.

役割（やくわり）を交代します。チャイム音が鳴ったら、赤字を読んで会話を始めてください。

B 18

〈チャイム〉
M: Are you joining a club at school, Helen?
W: I was supposed to try a new sport, Dad, but I changed my mind. I decided to work at a part-time job instead.
M: Why is that? We're giving you some money every month.
W: Thank you for that, but I want to travel more with my friends.

重要表現

□was [were] supposed to *do*　～するはずだった（がしなかった）
□change one's mind　気が変わる
□instead　代わりに　＊ここでは「クラブに入る代わりにアルバイト」

✎I was supposed to *do*は「～するはずだった（がしなかった）」という意味で、実際（じっさい）はどうなのか、この会話では、気持ちがどう変わったかがポイントになります。

Let's TRY

パターン3　会話から分かることを問う

音声で会話とその内容に関する質問を聞き、その答えとして最も適切なものを下の1，2，3，4から1つ選びましょう。

🔊 **19**

1　It was held a week ago.
2　It was canceled because of the weather.
3　Students will do some performance.
4　More students are needed to join.

答え（　　　　）

答えを選んだら、スクリプトと解説を確認しましょう。

M: Did you hear our school music contest has been postponed for a week?
W: I was disappointed to hear that. But we can't do anything about the storm.
M: Yeah. But the good thing is we can have more time to practice singing.
└重要な内容が続く「前置き」
W: I agree. Let's make a schedule for that.

Q: What is one thing we learn about the school event?

この問題の選択肢はざっと見ても推測がちょっと難しかったな。でも冒頭から話題は「学校の音楽コンテストの延期」だと分かったよ。

それで大丈夫！　質問はWhat is one thing we learn about the school event?だけど、要するにthe school eventの情報が理解できていたら解けるわよ。それで、選択肢と一致する手がかりはあったかしら？

we can have more time to practice singingと言っているから、音楽コンテストで歌うのよね。3が正解ね。sing「歌う」をdo some performance「パフォーマンスをする」に言い換えているわ。

訳　M: 学校の音楽コンテストが1週間延期になったって聞いた？
W: それを聞いてがっかりしたわ。でも嵐はどうにもできないものね。
M: うん。でもよかったのは、歌を練習する時間が増えたことだね。
W: 私もそう思うわ。そのためのスケジュールを立てましょう。

Q: 学校行事について分かることの1つは何ですか。

1　1週間前に行われた。
2　天候が理由で取りやめになった。
3　生徒たちがパフォーマンスをする。
4　もっと多くの生徒の参加が必要である。

✎話題は「音楽コンテスト」で、「延期になった」⇒「理由は嵐（天候）」⇒But⇒「歌の練習時間が増えた」という流れをつかみましょう。イベントはまだ行われていないので1の「行われた」は不適です。2はIt was postponed because of the weather.なら正しいです。postponedが聞けなくても「練習時間が増えた」の流れから取りやめではないことが分かります。

（正解　3）

リスニングのコツ

✔冒頭部分から話題をつかむ！
✔選択肢を事前に読めなくても焦らない。話題に関する情報が理解できたら解ける！

音読練習

問題のスクリプトを用いてロールプレイをしましょう。音声では赤字の部分がポーズになっていますので、赤字の部分を読み上げて会話をしましょう。

A 🔊 20

M: Did you hear our school music contest has been postponed for a week?

W: I was disappointed to hear that. But we can't do anything about the storm.

M: Yeah. But the good thing is we can have more time to practice singing.

W: I agree. Let's make a schedule for that.

役割(やくわり)を交代します。チャイム音が鳴ったら、赤字を読んで会話を始めてください。

B 🔊 21

〈チャイム〉

M: Did you hear our school music contest has been postponed for a week?

W: I was disappointed to hear that. But we can't do anything about the storm.

M: Yeah. But the good thing is we can have more time to practice singing.

W: I agree. Let's make a schedule for that.

重要表現

□can't do anything about　～についてはどうにもできない

✎the good thing is ...「よい点は…だ」のような前置きの表現(ひょうげん)がポイントです。「後によい話が続くな」と予想して聞き進めましょう。また、Butに続いている部分なのでその後に重要な内容(ないよう)がくると分かります。

練習しよう！

本番形式でリスニング第2部の問題を解きましょう。

第2部 対話を聞き、その質問に対して最も適切なものを、1，2，3，4から1つ選び、その番号をマークしなさい。

22 No. 1

1 By train.
2 By plane.
3 By car.
4 By bus.

① ② ③ ④

23 No. 2

1 Buy a book.
2 Ask the store manager.
3 Go to another store.
4 Work at a bookstore.

① ② ③ ④

24 No. 3

1 His daughter may lose her way.
2 His daughter is too young to go to school.
3 His daughter is getting poor grades.
4 His daughter may get in trouble on the way.

① ② ③ ④

解答・解説

No.1　正解　1

スクリプトと訳

W: Bill, have you decided to go to Devonport by train or plane?

M: Well, flying is faster, but costs a bit more, you know. ⇒ By plane は×

W: Right. And if you want to do some sightseeing, it's better to rent a car on the spot. 車は現地(げんち)で借りる ⇒ By car は×

M: I was just thinking of that. It costs extra, so I guess I'll take a train.

Q: How will Bill probably go to Devonport?

W: ビル、デボンポートには列車と飛行機のどちらで行くか決まった？

M: ええと、飛行機のほうが速いけど、費用(ひよう)が少しかかるんだよね。

W: そうね。あと、観光したいなら、現地で車を借りたほうがいいわね。

M: ちょうどそれを考えていたよ。さらに費用がかかるから、列車にしようかな。

質問：ビルはおそらくどうやってデボンポートに行きますか。

1　By train.「列車で」　　2　By plane.「飛行機で」

3　By car.「車で」　　4　By bus.「バスで」

解説　選択肢(せんたくし)を見て「移動手段(いどうしゅだん)」が問われると推測(すいそく)しよう。会話では移動手段がいくつか提案(ていあん)されるが、「最終的に何に決まったか」に焦点(しょうてん)を絞(しぼ)って聞く。女性(じょせい)が最初に「列車か飛行機か」と尋(たず)ね、男性(だんせい)は「飛行機（flying）は少し高い」と言う。〈プラス内容(ないよう)＋but＋マイナス内容〉の構造(こうぞう)では、but以下に話者の主張(しゅちょう)がくる。この時点で飛行機は選択肢から外れる。その後、現地で車を借りるとさらに費用がかかるから、「列車にしようかな（I guess I'll take a train）」と言っている。よって、1が正解。この最後のI'll take a trainだけでも正解が選べるので、最初のほうで多少混乱(こんらん)しても最後まであきらめずに聞こう。

リスニング

No.2 **正解　3**

スクリプトと訳

M: Welcome to Sherry Bookstore. Can I help you, ma'am?

W: Hi. I'm looking for somewhere I can get some pencils and erasers.

M: I'm afraid we don't sell stationery here. You could try a convenience store across the street. They might have some. = stationery

W: Oh, thank you. I'll go have a look there.

Q: What does the man suggest that the woman do?

M: シェリー書店にようこそ。ご用件(ようけん)を伺(うかが)いましょうか。

W: こんにちは。鉛筆(えんぴつ)と消しゴムが買えるところを探(さが)しています。

M: あいにくですが、当店は文具を売っておりません。通りの向かい側のコンビニに行ってみてはどうでしょう。そこなら多少あるかもしれません。

W: ありがとう。そこへ行って見てみます。

質問：男性(だんせい)は女性に何をするよう提案(ていあん)していますか。

1　Buy a book.「本を買う」

2　Ask the store manager.「店長に尋(たず)ねる」

3　Go to another store.「別の店に行く」

4　Work at a bookstore.「書店で働く」

解説　選択肢は動詞の原形で始まっているので、行動を問う問題である。buy、book、storeなどの語彙(ごい)から、店員と客との会話だと推測(すいそく)しよう。女性客は文具を探しているが、男性の書店にないので、You could try a convenience store across the street.と提案している。「通りの向かい側のコンビニ」をanother store「別の店」と言い換(か)えた3が正解。You could ... という提案を聞き取るのがポイント。You could ...、They might ...は「あるかもしれないし、ないかもしれない」というニュアンスで、断定(だんてい)を避(さ)けたい話者の気持ちを表している。

なお、stationeryという語を知らなくても、その前のpencils and erasersの言い換えだと推測しよう。また、I'm afraid ...「あいにく…」は後にネガティブな内容(ないよう)が続くと思って聞き進めよう。

No.3 正解 4

スクリプトと訳

W: Honey, I think it's about time for Mary to walk to school alone. She knows the way well.

M: Hmm. She can do that, but I'm worried about her safety.

W: I've been picking her up for a year, but there were no dangerous situations. The neighbors are all nice people.

M: That's true, but I still worry about traffic accidents.

Q: What does the man say he is worried about?

W: ねえあなた、メアリーはそろそろ1人で学校へ行ってもいいと思うの。道もよく知っているし。

M: うーん。彼女ならできると思うけど、安全性について心配だな。

W: 1年間送り迎えをしてきたけど、危険な状況はなかったわ。近所の人たちはみんないい人たちだし。

M: それはそうなんだけど、それでも交通事故が心配だよ。

質問：男性は何について心配だと言っていますか。

1 His daughter may lose her way.
「娘が迷子になるかもしれない」

2 His daughter is too young to go to school.
「娘は学校に通うには幼すぎる」

3 His daughter is getting poor grades.
「娘の成績が下がっている」

4 His daughter may get in trouble on the way.
「娘は道中でトラブルに巻き込まれるかもしれない」

解説 夫婦の会話で子供の名前（ここではMary）が登場するパターンである。話題は娘の登校で、「男性が心配していること」が問われている。男性はI'm worried about her safetyやI still worry about traffic accidentsと言っている。traffic accidents「交通事故」をget in trouble「トラブルに巻き込まれる」と言い換えた4が正解。

リスニング

 リスニング　第3部

ああ、会話はまだマシなんだけど、3級のときもリスニングの第3部が苦手だったんだよなぁ。説明文なんて、話題が難しいと思ったらすぐに耳がふさがっちゃう。まさに、リスニング恐怖症だ。

分かるわ。私も実は四技能の中でリスニングがいちばん苦手なの。

そうなの？　先生にも苦手なことあるんだねぇ。

試験は実際の会話と違って聞き返したりできないから、割り切らないとね。分からなければサッとあきらめる判断力、すぐに立ち直る精神力っていうのも必要ね。ともかく、まずは傾向を知ることが大事。第3部は以下の3つの形式に分けて練習していくわよ。がんばりましょ！

① 架空の人物のエピソード（フィクション）
② アナウンス（フィクション）
③ 説明文（ノンフィクション）

①　架空の人物のエピソード（フィクション）

Last week, Olivia went to ...「先週、オリビアは…へ行った」のような出だしで、架空の人物の説明が続き、その人物について問われます。「いつ」「どこで」「何をした［する］」を意識して聞きます。また、会話と同様、何かしら変更があったら変更後をよく聞きましょう。

②　アナウンス（フィクション）

校内放送、店内放送、機内放送、博物館などのガイドによる説明、講習での講師による説明、イベントでのスタッフの説明などが出題されます。次のような表現で始まれば、アナウンスだと分かります。

・Attention, please. 「皆様にお知らせします」
・Attention, students. 「全校生徒の皆さんにお知らせします」
・Good afternoon, everyone. 「皆様、こんにちは」
・Thank you for coming to ... 「…へお越しくださりありがとうございます」
・Welcome to ... 「…へようこそ」

③ 説明文（ノンフィクション）

動物、スポーツ、歴史的な出来事などの説明文です。あまり知られていないトピックあるいはエピソードなので、予備知識がなくても解けるようになっています。Pumpkins are popular in ...「カボチャは…で人気だ」のように、冒頭で話題が登場します。

質問パターンの多くは第2部と同じです（200～203ページを参照）。ここでは第3部特有の質問パターンを紹介します。第2部と違って、質問文にthe speaker「話し手」という語句が出てきます。

①②③共通

What is one thing (that) the speaker says?

「話し手が言うことの1つは何ですか」

①人物のエピソード

・人物に関する詳細を問う

What does A have to do to join the band?

「Aは、バンドに入るためには何をしなければなりませんか」

What does A do with her grandmother in summer?

「Aは夏に祖母と一緒に何をしますか」

✎架空の人物に関する説明なので、「～について分かることの1つは何ですか」のような全体内容を問う問題だけでなく、上記のような詳しい情報が問われがちになります。

②アナウンス

・話し手が聞き手に言っていることを問う

What does the speaker tell A? 「話し手はAに何と言っていますか」

✎Aにはthe listeners「聞き手」やthe visitors「訪問者（ほうもんしゃ）」などがきます。

・聞き手がすべきことやこれからすることを問う

What will the students learn about today?

「生徒たち（＝聞き手）は今日、何について学びますか」

✎アナウンスでは、自分がその場にいるような気持ちになって話者の指示（しじ）やアドバイスを聞き、「この後何が起こるのか」「何をすべきなのか」などを押（お）さえましょう。

③説明文

・話題の概要（がいよう）を問う

What is one thing (that) we learn about A?

「Aについて分かることの1つは何ですか」

✎冒頭（ぼうとう）で登場した話題について理解（りかい）したことと選択肢（せんたくし）を見比（くら）べて、正誤（せいご）を判断（はんだん）します。

・話題の詳細（しょうさい）を問う

What happened (to A) in XX? 「XX年に（Aに）何が起こりましたか」

✎歴史（れきし）に関する説明文では通常（つうじょう）、時系列（じけいれつ）に沿（そ）って話されるので、「いつ［何年に］何が起きた」という観点で頭にインプットしながら聞きましょう。

Let's TRY

パターン1 **人物のエピソード**

第2部と同様、第3部も4つの選択肢(せんたくし)が問題用紙に書かれています。音声を聞く前にまず、4つの選択肢をざっと見て、話題を推測(すいそく)しましょう。

音声を聞きましょう。ある人物に関する説明の後、その内容(ないよう)に関する質問(しつもん)が読まれますので、その答えとして最も適切(てきせつ)なものを下の1，2，3，4から1つ選びましょう。

25

1 Practice the guitar every day.
2 Promise to study hard.
3 Quit his school club.
4 Help his mother at home.

答え（　　　　）

答えを選んだら、スクリプトと解説を確認(かくにん)しましょう。

Last week, Mike went to a music festival with his mother. He saw a local jazz band perform, and he really liked it. Mike can play the guitar, so he asked her if he can join the band. His mother said he can, as long as he promises to do his homework every day.
└正解のカギはココ！

Q: What does Mike have to do to join a band?

リスニング

第2部と同じく、まず選択肢を見たらいいのよね。動詞の原形で始まっているから動作を問う問題ね。guitar、study、clubなどがあるから、学生の話かな？　って思ったわ。

その調子！　慣れてくると、選択肢をざっと見ただけで、「説明文」でも「アナウンス」でもなく、「人物のエピソード」だと察しがついてくるわよ。話の内容は分かったかしら？

まず、Last week, Mike ... で始まるから、マイクの話だなって思った。その後、マイクの気持ちになって聞いたら意外と分かりやすかったよ。バンドに入りたいって母親に頼むと、母親は「毎日宿題をすると約束したらね」と条件を与えたんだね。僕にも似たような経験があったな（笑）。正解は2じゃない？

正解！　この問題は比較的単純なの。手がかりとなるのは最後のHis mother said he can, as long as he promises to do his homework every day.だけど、do his homeworkをstudyに言い換えているものの、promise to *do*「～すると約束する」が選択肢にそのままあるからね。

訳　先週、マイクは母親と一緒に音楽祭に行った。彼は地元のジャズバンドが演奏するのを見て、とても気に入った。マイクはギターが弾けるので、母親にそのバンドに入ってもよいかと尋ねた。彼の母親は、彼が毎日宿題をすると約束するなら入ってもよいと言った。

Q: マイクは、バンドに入るためには何をしなければなりませんか。

1　毎日ギターを練習する。
2　一生懸命に勉強すると約束する。
3　学校のクラブをやめる。
4　家で母親を手伝う。

✎Last week, Mike ... で始まる架空の人物（マイク）のエピソードです。「音楽祭に行った」⇒「地元のジャズバンドを見て気に入った」⇒「母親に入ってもいいかと尋ねた」⇒「毎日宿題するならいいと言った」という流れをつかみましょう。手がかりは最後のHis mother said ... にあり、マイクがしなければならないことは、「毎日宿題をする（＝勉強する）と約束すること」です。この最後の文は少し長いですが、he promises ... の部分で判断できます。本文の語句（guitar、every day、his mother）を含んだ誤答選択肢に注意しましょう。

（正解　2）

音読練習

第3部では、3段階に分けて音読練習をします。余裕がある人は、3のシャドーイングまで挑戦しましょう。シャドーイングは耳だけで行います。音声を聞きながら少し遅れて、後を追うようにして英文を読みます。単語単位ではなく、文としての発音を身につけることで、リスニング力が向上します。

Step 1　下のスクリプトを見て、スラスラ言えるまで音読しましょう。

Last week, Mike went to a music festival with his mother. He saw a local jazz band perform, and he really liked it. Mike can play the guitar, so he asked her if he can join the band. His mother said he can, as long as he promises to do his homework every day.

🔈 **26**

Step 2　〈オーバーラッピング〉上のスクリプトを目で追いながら、音声を聞いて、音声と同時に英文を読み上げましょう。

Step 3　〈シャドーイング〉スラスラできるようになったら、スクリプトを見ずに、音声の後を追うようにして読み上げましょう。

Let's TRY

パターン2 アナウンス

音声でアナウンスとその内容に関する質問を聞き、その答えとして最も適切なものを下の1，2，3，4から1つ選びましょう。

27

1 Taking pictures and videos.
2 Touching the exhibits.
3 Eating and drinking.
4 Using the escalator.

答え（　　　　）

答えを選んだら、スクリプトと解説を確認しましょう。

Thank you for joining our science museum tour. I'll show you the space station first. You can get inside a rocket as large as a real one. You can take pictures and videos, but eating or drinking is not allowed. The end of the tour will be here at the cafeteria. Now let's ride up that escalator.

Q: What does the speaker say visitors cannot do?

選択肢は -ing 形で始まっているね。ざっと単語を見ると、何か展示物がある会場のアナウンスかな？と思った。そして放送を聞くと、冒頭の Thank you for ... で博物館のツアーガイドが話していると分かったよ。

いいわよ、その調子！　質問はWhat does the speaker say visitors cannot do?「訪問者は何をしてはいけないと話し手は言っていますか」で、このvisitorsはツアーの参加者、つまり聞き手のことね。聞き手がしてはいけないことについて、何て言ってた？

You can take pictures and videosで「してもよいこと」、but eating or drinking is not allowed.で「してはいけないこと」を話していた。つまり、飲食は禁止だから、3が正解だね。あっ！　ここでもbutの後の部分が正解になっていた！

そう！　第2部でやった、〈いい話＋but＋悪い話〉の構造を覚えてる？butの後の内容が重要だったよね。たとえばこの場面では、来館者には「禁止事項」をしっかりと伝えたいよね。〈but＋強調したいこと〉の構造をしっかりと身につけておこう。

訳　科学博物館ツアーにご参加いただき、ありがとうございます。最初に、宇宙ステーションをご覧いただきます。実際のロケットと同じ大きさのロケットの中に入ることができます。写真撮影およびビデオ撮影はかまいませんが、飲食は禁止です。ツアーはここ、カフェテリアで終了となります。では、あちらのエスカレーターで上の階へ行きましょう。

Q: 訪問者は何をしてはいけないと話し手は言っていますか。

1　写真撮影とビデオ撮影。
2　展示物に触ること。
3　飲食。
4　エスカレーターを使用すること。

✎スクリプトの最後まで質問内容が分からないため、聞くときはツアーの参加者の気持ちになって、「これからどこへ行って何を見るのか」「してもよいこと」「ダメなこと」を順に頭にインプットしていきましょう。そして質問を聞いて「ダメなこと」の情報を頭から取り出し、選択肢と照合します。

質問文のcannot doはアナウンスのis not allowedと同じ意味です。canには「～できる」という「可能・能力」の意味と、「～してもよい」という「許可」の意味があり、後者（許可）

リスニング

の否定形cannotは「～してはいけない」という「禁止」の意味になります。1は「してもよいこと」なので誤りです。ガイドは展示物に触ってよいかダメかについては話していないので2は不適です。

この問題は、次のような設問パターンも考えられます。

質問：What is one thing that the speaker says?
「話し手が言うことの1つは何ですか」

正解：People must not eat or drink.
「人々は飲食をしてはいけない」

（正解　3）

 音読練習

Step 1　下のスクリプトを見て、スラスラ言えるまで音読しましょう。

> Thank you for joining our science museum tour. I'll show you the space station first. You can get inside a rocket as large as a real one. You can take pictures and videos, but eating or drinking is not allowed. The end of the tour will be here at the cafeteria. Now let's ride up that escalator.

🔊 **28**

Step 2　〈オーバーラッピング〉スクリプトを見ながら、同時に読み上げましょう。

Step 3　〈シャドーイング〉スクリプトを見ずに、音声の後を追って読み上げましょう。

museum、cafeteria、escalatorなど、カタカナ語と異なる発音に注意しよう。

Let's TRY

パターン3 **説明文**

音声で説明文とその内容(ないよう)に関する質問(しつもん)を聞き、その答えとして最も適切(てきせつ)なものを下の1，2，3，4から1つ選びましょう。

🔊 **29**

1 They do not bloom in cold places.
2 They close in lower temperatures.
3 They always open in the morning.
4 They grow well in the cloudy weather.

答え（　　　）

答えを選んだら、スクリプトと解説を確認(かくにん)しましょう。

Tulips begin to bloom in early spring. The flowers open during the day, close in the evening, and open again around 10:00 the next morning. Tulip flowers close when it's suddenly cloudy and the temperature goes down. Warm them up with your hands, and then they may open again.

Q: What is one thing that the speaker says about tulips?

選択肢(せんたくし)は全部、Theyで始まっているわ。動詞がbloom、close、open、growだから、Theyは「人」ではなさそう、って思った。

さすが、勘(かん)がいいわね！　そう、Theyは「物」、つまりその「物」を説明した文章が読まれると推測(すいそく)できるね。さらに、動詞bloomを知っていたら、Theyは花かな？と想像(そうぞう)できるわよ。

リスニング

質問(しつもん)は「チューリップについて何と言っているか」で、手がかりは2箇所(かしょ)あったわ。The flowers open during the day, close in the evening, and open again around 10:00 the next morning.から、チューリップの花は「夕方に閉(と)じる」こと、そしてTulip flowers close when it's suddenly cloudy and the temperature goes down.から「急に曇(くも)って気温が下がると閉じる」こと。だから、2が正解ね。

正解！　the temperature goes downを2ではin lower temperaturesと表しているね。なぜlowerと比較級(ひかくきゅう)になっているかというと、「気温が（今よりも）下がったら」という意味だからよ。

訳　春先になると、チューリップが咲(さ)き始める。チューリップの花は日中に開き、夕方に閉じ、翌朝(よくあさ)の10時頃(ごろ)にまた開く。突然(とつぜん)曇って気温が下がると、チューリップの花は閉じる。手で温めるとまた開くかもしれない。

Q: 話し手がチューリップについて言っていることの1つは何ですか。

1　寒い地域(ちいき)では咲かない。
2　気温が下がると閉じる。
3　常(つね)に午前中に開く。
4　曇りの天候でよく育つ。

✎この問題のように、手がかりとなる部分が複数(ふくすう)ある場合もあります。The flowers open during the day, …の部分で、チューリップの花が、気温が上がる日中に開いて、気温が下がる夕方に閉じ、翌朝また開くとイメージできるといいですが、その後のTulip flowers close when … the temperature goes downの部分でも正解2が選べます。さらに、最後の「手で温めるとまた開くかもしれない」もヒントになりえます。

（正解　2）

音読練習

Step 1　下のスクリプトを見て、スラスラ言えるまで音読しましょう。

Tulips begin to bloom in early spring. The flowers open during the day, close in the evening, and open again around 10:00 the next morning. Tulip flowers close when it's suddenly cloudy and the temperature goes down. Warm them up with your hands, and then they may open again.

30

Step 2　〈オーバーラッピング〉スクリプトを見ながら、同時に読み上げましょう。

Step 3　〈シャドーイング〉スクリプトを見ずに、音声の後を追って読み上げましょう。

声に出して読むことは面接でのカードの英文音読の練習にもなるわ。カードの英文は「説明文」なので、過去問(かこ)のリスニング第3部の「説明文」の音声を利用して、この練習をしっかりやっていると、リスニングと音読の両方の力が伸(の)びるわよ！

余裕(よゆう)があれば、第2部の会話でも、スクリプトと音声を利用して、「オーバーラッピング」と「シャドーイング」をやってみましょう。また、「練習しよう」、さらには面接の英文についても、この3段階(だんかい)の音読練習をぜひやってみてください。

練習しよう！

本番形式でリスニング第3部の問題を解きましょう。

第3部 英文を聞き、その質問に対して最も適切なものを、1，2，3，4から1つ選び、その番号をマークしなさい。

31 No. 1

1 She graduated from high school.
2 She goes to a good high school.
3 She is popular at school.
4 She has friends everywhere.

①②③④

32 No. 2

1 They were invented by a queen.
2 They were in several shapes in the past.
3 They bring bad luck in France.
4 They were a popular gift in France.

①②③④

33 No. 3

1 Play in the gym.
2 Go to the cafeteria.
3 Put on a hat outside.
4 Stay in the classroom.

①②③④

解答・解説

No.1　正解　**4**

スクリプトと訳

Olivia changes schools very often because of her father's job. As a child, she felt nervous and lonely every time she started her new school. But by the time she was a high school student, she had made so many friends. Olivia can talk to them online anytime. She is also happy to have friends to visit everywhere.

Q: What is one thing that Olivia is happy about?

オリビアは父親の仕事のために頻繁(ひんぱん)に転校している。子供(こども)の頃(ころ)、彼女(かのじょ)は新しい学校に通い始めるたびに不安で寂(さび)しい思いをしていた。しかし、高校生になる頃には、彼女にはとてもたくさんの友達ができていた。オリビアはいつでもオンラインで友達と話すことができる。彼女はまた、会いに行ける友達が至(いた)る所にいることを嬉(うれ)しく思っている。

質問：オリビアが嬉しく思っていることの１つは何ですか。

1　She graduated from high school.「彼女は高校を卒業した」
2　She goes to a good high school.「彼女は優秀(ゆうしゅう)な高校に通っている」
3　She is popular at school.「彼女は学校で人気がある」
4　She has friends everywhere.「彼女はあちこちに友達がいる」

解説　選択肢(せんたくし)は全部Sheで始まっているので、「人物」に関する話だと推測(すいそく)しよう。オリビアが嬉(うれ)しく思っていることは、最後のShe is also happy to have friends to visit everywhere. にある。「会いに行ける友達が至(いた)る所にいる」をhas friends everywhere「あちこちに友達がいる」と言い換(か)えている4が正解。最初はnervous and lonelyから「ネガティブな内容(ないよう)」だが、Butが聞こえたらその後には「ポジティブな内容」が続くと予想して聞き進めよう。〈ネガティブな内容＋But＋ポジティブな内容〉という構造(こうぞう)を確認(かくにん)しよう。

リスニング

No.2 **正解 2**

スクリプトと訳

Handkerchiefs are said to have existed since ancient Egypt. Today, handkerchiefs are usually square, but long ago there were also round and triangular ones. The reason square handkerchiefs became popular is because Marie Antoinette, queen of Louis XVI of France, liked them. She asked her husband to make all handkerchiefs in the country square.

Q: What is one thing we learn about handkerchiefs?

ハンカチは古代エジプトから存在(そんざい)していたと言われている。今日、ハンカチはふつう、正方形だが、昔は丸いものや三角形のものもあった。正方形のハンカチが人気となった理由は、フランスの国王ルイ16世の王妃(おうひ)、マリー・アントワネットがそれを気に入ったからだ。彼女(かのじょ)は国中のハンカチを正方形にするよう夫に頼(たの)んだ。

質問：ハンカチについて分かることの1つは何ですか。

1 They were invented by a queen.「ある王妃によって考案された」
2 They were in several shapes in the past.「昔はいろいろな形があった」
3 They bring bad luck in France.「フランスでは不運を招(まね)く」
4 They were a popular gift in France.「フランスでは人気の贈(おく)り物だった」

解説 選択肢(せんたくし)は全部Theyで始まり、動詞を見ると「物に関する説明文」だと察(さっ)しがつく。質問(しつもん)はWhat is one thing we learn about A?のパターンで、ハンカチについて聞き取った情報(じょうほう)と選択肢とを照合する。第2文でToday, handkerchiefs are usually square, but ...とbutが出てくるのでその後に注意して聞くと、long ago there were also round and triangular ones「昔は丸いものや三角形のものもあった」と言っている。onesはhandkerchiefsのこと。long agoをin the pastに、「丸いものや三角形のものもあった」を「いろいろな形があった」に言い換(か)えた2が正解。

No.3　正解　3

スクリプトと訳

Attention, students. The weather will be very hot this afternoon, so make sure that you wear a hat when playing outside. Also, please drink a lot of water. If you forgot to bring water, there are water fountains on each floor, in the cafeteria, and in the gym. Again: No hat, no play.

Q: What is one thing the students are told to do this afternoon?

生徒の皆(みな)さんにお知らせします。今日の午後は非常(ひじょう)に暑くなるので、外で遊ぶときは帽子(ぼうし)をかぶるようにしてください。また、水をたくさん飲んでください。水を持ってくるのを忘(わす)れた場合は、各階とカフェテリアと体育館に水飲み器があります。再度(さいど)お知らせします。帽子がなければ遊んではいけません。

質問：生徒たちが今日の午後するように言われていることの1つは何ですか。

1　Play in the gym.「体育館で遊ぶ」

2　Go to the cafeteria.「カフェテリアへ行く」

3　Put on a hat outside.「屋外では帽子をかぶる」

4　Stay in the classroom.「教室にいる」

解説　選択肢の語彙(ごい)から、学校に関する話が読まれると推測(すいそく)しよう。冒頭(ぼうとう)がAttention, students.なので、生徒向けの校内放送だと分かる。質問は〈tell＋O＋to ～〉「Oに～するように言う」の受動態(じゅどうたい)で、「生徒たちは今日の午後何をするように言われているか」、つまり「生徒が今日の午後すべきこと」が問われている。アナウンスの中で話者が指示(しじ)・警告(けいこく)していることは、make sure that you wear a hat when playing outside（外で遊ぶときは帽子をかぶること）と、please drink a lot of water（水をたくさん飲むこと）の2つあり、この前者の内容(ないよう)と一致(いっち)する3が正解。wearを3ではput onに言い換えている。最後のAgain: No hat, no play.もヒントになる。

あとひと息!

Speaking

二次試験　面接

面接の出題形式

英検の二次試験は、面接形式のスピーキングテストです。準2級は筆記と同様、場面や題材が日常生活の範囲内なので特別な知識は不要ですが、パッセージを音読したり、意見を述べたりする練習が必要になります。

面接（約6分・問題数は各1問）

出題形式		
音読	50語程度のパッセージを読む。	カードを見て答える
パッセージについての質問	音読したパッセージの内容についての質問に答える。	カードを見て答える
イラストについての質問	イラスト中の人物の行動を描写する。	カードを見て答える
イラストについての質問	イラスト中の人物の状況を説明する。	カードを見て答える
受験者自身の意見など	カードのトピックに関連した内容についての質問に答える。	カードを見ずに答える
受験者自身の意見など	日常生活の身近な事柄についての質問に答える。（カードのトピックに直接関連しない内容も含む）	カードを見ずに答える

◆面接当日の流れ◆

入室、着席、名前・級の確認、簡単な挨拶を交わした後、右のような「問題カード」が渡されます。試験は「カードを見て答える問題」と「カードを見ずに答える問題」があり、「音読」の後、質問が5つあります。終わったら問題カードを面接委員に返し、退出します。

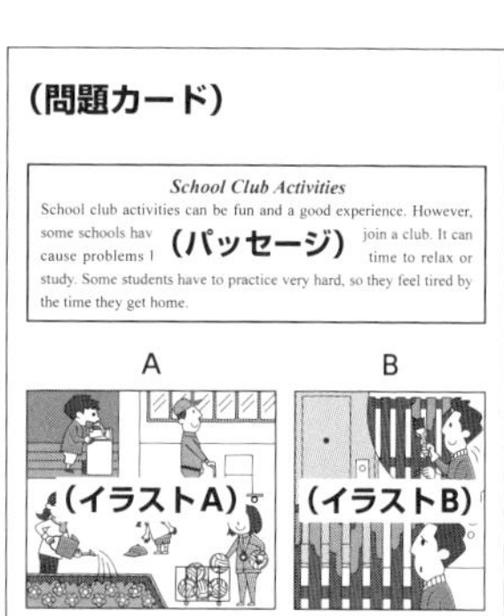

(問題カード)
School Club Activities
School club activities can be fun and a good experience. However, some schools hav join a club. It can cause problems f time to relax or study. Some students have to practice very hard, so they feel tired by the time they get home.
(パッセージ)
A
B
(イラストA)
(イラストB)

【カードを見て答える問題】

●音読

面接委員の指示に従って、カードに書かれた50語程度のパッセージを20秒間黙読し、その後、音読します。

●No. 1

音読したパッセージに関する質問を聞き、カードの英文から手がかりを探して答えます。

●No. 2 ― イラストA

カードに描かれたイラストAについての問題です。イラストAには5〜6人描かれていて、それぞれ異なることをしています。できるだけたくさんの人物について「何をしているところか」を、現在進行形を使って描写します。

●No. 3 ―イラストB

カードのイラストBについての問題です。イラストBには人物と吹き出しが描かれています。その吹き出しの内容から判断して、人物の状況や行動の理由などを説明します。

【カードを見ずに答える問題】

●No. 4

No. 4の前にカードを裏返すよう指示があります。No. 4は〈Do you think＋トピック?〉「〜だと思いますか」のように、あるトピックについての意見を聞かれるので、まずYes/Noで答えた後、どうしてそう思うかの理由を説明します。

No. 4は「カードのトピックに関連した内容についての質問」となっていますが、カードのパッセージの内容を覚えておく必要はありません。No. 3まででうまくできなくても、No. 4、5は質問さえ聞き取れれば対応できるので、気持ちを切りかえて臨みましょう。

●No. 5

No. 5は日常生活の身近な事柄についての質問に答える問題です。No. 4が客観的な視点で「私は～だから…だと思う」と自分の意見・主張を述べる問題である一方、No. 5は受験者の個人的な事柄に関する質問なので、「私は～だから…します」と自分自身のことを話します。No. 5も、まずはYes/Noで答え、Yesならさらに詳しく説明、Noなら理由を説明します。

◆面接の評価基準◆

公式に発表されている評価基準は、以下の通りです。

応答内容、発音、語彙、文法、語法、情報量、積極的にコミュニケーションを図ろうとする意欲や態度などの観点で評価

それぞれの観点をもう少し詳しく見てみましょう。

「応答内容」…特にNo. 4と5

⇒質問に対して適切な内容の解答になっているかがポイントになります。

「発音」…音読＋No. 1～5

⇒単語の発音が正確か、抑揚があって聞きやすいかなどがポイントになります。

「語彙」…No. 2～5

⇒No. 2, 3のイラスト描写で適切な動作動詞などが使えているか、またNo. 4, 5ではトピックにふさわしい語彙が使えているかなどがポイントになります。

「文法」「語法」…No. 2～5

⇒No. 2, 3のイラスト描写では現在進行形などの文法が正しく使えているかなどがポイントになります。No. 4, 5では相手に誤解を与える程度の文法・語法ミスがあれば減点の対象になるので注意しましょう。

「情報量」…No. 4, 5

⇒解答はNo. 1, 2, 3は1文ずつ、No. 4, 5の説明・理由を話す部分は2文程度で答えるのが妥当です。長すぎたり短すぎたりしないよう、適度な情報量で答える練習をしましょう。

「積極的にコミュニケーションを図ろうとする意欲や態度」…面接全体

⇒試験は「音読＋質問5つ」ですが、面接全体を通して、面接委員と「積極的にコミュニケーションを図ろうとする意欲や態度」も評価されていると思って臨みましょう。入室から退室まで、「英語でコミュニケーションを取ろう」という気持ちを伝えることが大事です。

◆質問が聞き取れなかった場合◆

自然な形での「聞き返し」はかまいませんが、コミュニケーションとして不自然であったり、何度も聞き返したりするのは減点の対象になるでしょう。特にNo. 1～5の質問では、2回聞き直しても質問の意味が分からなかった場合、ある程度推測して答えましょう。黙り込んでしまうよりは、「私はこうだと思った」と自分に思い込ませて、何らかの答えを言うほうが印象はよいでしょう。

#「音読」の傾向・対策

Q：パッセージはどんな内容？

A：カードに書かれているパッセージは、日常生活のある事柄についての説明文（ノンフィクション）です。インターネットやスマホなどのデジタル社会、環境問題、動物保護、ボランティアなどの話題が典型です。普段から、ニュースや話題になっている情報にアンテナを張り、よく使われる言葉があれば、英語では何と言うんだろう？と疑問をもち、またその語を発音できるようにしておきましょう。

Q：黙読のときに注意すべきことは？

A：面接委員の指示で、20秒間黙読する時間が与えられます。パッセージを黙読するときは、まずは、文章全体をざっと読んで、主旨を把握しましょう。次に、頭の中で1語ずつ発音しながら「内容面で重要」（以下、「キーワード」）だと思う語句を拾いましょう。

Q：音読のときに注意すべきことは？

A：面接委員から指示があれば、パッセージを音読します。タイトルも忘れずに読みましょう。黙読のときに拾ったキーワードははっきりと強めに読み、それ以外の語句とのメリハリをつけましょう。

なお、黙読・音読のときに、No. 1に関わる箇所が推測できますので、慣れてきたらそれを意識して読むこともポイントです。詳しくは後ほどNo. 1の学習のところで説明します。

 カードの黙読と音読

さあ、これから面接の対策をしていくわよ。ゴン太は3級の試験のときうまくいったかしら？

緊張しちゃって、全然ダメ～。なんとか質問の意味が分かったから乗り切ったという感じ。まずは音読のコツから教えてください～！

はいはい。まずは、「意味のまとまり」が大事ね。どこからどこまでが主語で、動詞で、のように。そしてまとまりごとに一息つくのよ。ほんの少し区切るような感じでね。

文と文の間で区切るのは分かるけど、文の中ではどこで一息つけばいいのかなぁ…

そうね。慣れてきたらあまり考えなくても分かるようになるんだけど、区切る（一息つく）場所をいくつかルール化してみましょう。

◆区切る場所の例◆

- ピリオドの後
- コンマの後
- 長い主語の後（述語動詞の前）
- 接続詞や関係代名詞の前
- センテンスの終わりにある〈前置詞＋語句〉の前

黙読のときにキーワードを拾って、音読の際はその語句ははっきりと強めに読むのよ。流ちょう＝早口じゃないから気をつけて。ゆっくり落ち着いて、「相手に伝わるように」話すことが大事よ。

Let's TRY

ポイント1 黙読の際にキーワードを拾おう

問題カードには、次のような英文が書かれています。まず、英文を20秒間黙読するよう指示されます。

> ***School Club Activities***
>
> School club activities can be fun and a good experience. However, some schools have a rule that every student has to join a club. It can cause problems because they don't have enough time to relax or study. Some students have to practice very hard, so they feel tired by the time they get home.

一度ざっと黙読してみて。全体の主旨は理解できたかしら？

身近な話だから比較的読みやすかったよ！　学校の部活動の話だね。第1文は部活のメリットが書かれているけど、第2文でHoweverがあって、最後まで部活動の問題点について書かれているね。僕の高校は違うけど、部活は強制されると辛いかも。他にやりたいことも、いっぱいあるし。

中高生の部活動の善し悪しは、よく話題になるわよね。キーワードと思う語句を探してみましょう。

(1) 上の英文に、キーワード（内容面で重要だと思う語）にマーカーを引きましょう。

🔊 34

⑵ モデル音声を聞いて、前のページで自分が引いたマーカーと強く読まれている語句を比べてみましょう。この時点ではまだ音読しなくてよいです。

⇒はっきり読む語句（目安）

School Club Activities

School club activities can be fun and a good experience. However, some schools have a rule that every student has to join a club. It can cause problems because they don't have enough time to relax or study. Some students have to practice very hard, so they feel tired by the time they get home.

◆キーワードになりやすい語句◆

・主語の中心となる名詞　例）school、students
・動詞　例）join、relax、practice
・目的語や補語の中心となる名詞　例）experience、time
・意味を左右する形容詞・副詞。たとえばポジティブかネガティブかを表す形容詞・副詞など。　例）tired、hard、good、popular、helpful
・論理マーカー　例）however、because、so、now、for example
・その他、意味を左右する語句　例）not、all、only

訳　**学校の部活動**

学校の部活動は楽しく、よい経験になりうる。しかし、一部の学校では、生徒全員が部活をしなければならないという規則がある。これは、生徒がリラックスしたり勉強したりする時間が十分に持てないため、問題を引き起こすことがある。一部の生徒は、非常に熱心に練習しなければならないため、帰宅する頃には疲れている。

Let's TRY

ポイント2 **意味のまとまりで区切ろう**

> ***School Club Activities***
>
> School club activities can be fun and a good experience. However, some schools have a rule that every student has to join a club. It can cause problems because they don't have enough time to relax or study. Some students have to practice very hard, so they feel tired by the time they get home.

同じ文章で、今度は「意味のまとまり」を確認するわよ。難しければ、241ページの◆区切る場所の例◆を参考にしてね。

⑴ 上の英文に、意味のまとまりごとにスラッシュ「/」を入れましょう。その後、音声を聞く前に、上の英文を「音読」しましょう。何度読んでもかまいません。

34

⑵ CDでモデル音声を聞いて、自分が入れたスラッシュと音声の区切りを比べてみましょう。

/ ⇒区切るところ（目安）

> ***School Club Activities***
>
> School club activities / can be fun / and a good experience./ However, / some schools have a rule / that every student has to join a club. / It can cause problems / because they don't have enough time to relax / or study. / Some students / have to practice very hard, / so they feel tired / by the time they get home.

もう一度モデル音声を聞いて、はっきり読む語、抑揚、区切りなどを意識して、真似して何度も音読しましょう。

No.1　カードのパッセージに関する質問

音読の後、No. 1〜No. 5の5つの質問をされます。No. 1の質問はカードのパッセージに関する内容なので、カードを見て答えます。

次は、今、音読した英文に関する質問ね。実は、このNo. 1の問題は、2通り覚えておけば大丈夫。Why質問とHow質問だけ！

そうなの？　意外と単純なんだねぇ。

しかも、答え方にもパターンがあるから、それを覚えておいて。以下の2パターンよ。

❶パッセージにsoがある
…Why質問 ⇒ Because SVで答える

❷パッセージにby doing so / in this wayがある
…How質問 ⇒ By -ing ...で答える

思い出したわ。黙読・音読のときに、パッセージ内にNo. 1のヒントがあるから注意して読む、っていう話があったわよね？

そう！　つまり、パッセージ内にso / by doing so [in this way] があれば、その前に答えがあるということなの。

面接

Let's TRY

ポイント1 Why質問→答えはsoの前にあり

School Club Activities

School club activities can be fun and a good experience. However, some schools have a rule that every student has to join a club. It can cause problems because they don't have enough time to relax or study. Some students have to practice very hard, so they feel tired by the time they get home.

このパッセージにはsoがあってWhy質問のパターンよ。soの前後をもう一度読んでみよう。読めたら音声で質問を聞こう。No. 1はAccording to the passage, ... で始まるから、その後を注意して聞いてね。

35 音声でQuestionを聞きましょう。

No. 1 According to the passage, why do some students feel tired by the time they get home?

「パッセージによると、なぜ一部の生徒は帰宅する頃には疲れていますか」

質問のAccording to the passage, の後のwhyが聞き取れたかしら？

whyを聞き取ったよ！　その後の内容がパッセージ中のsoの後の表現と同じだった。

パッセージ　Some students have to practice very hard, so they feel tired by the time they get home.

同じ！

質問　**..., why do some students feel tired by the time they get home?**

ホントだ〜。じゃあ、質問を聞いてwhyかhowかを押さえ、同じ語句があるところをパッセージ中で確認したらいいんだね。

そう！「soがあれば、その前に答えがある」と言ったけど、聞き取った質問と同じ語句の部分をパッセージから探し出しても大丈夫。その前に答えがあるよ。「一部の生徒が帰宅する頃に疲れている理由」はsoの前、つまりSome students have to practice very hard「とても熱心に練習しなければならない」からだね。誰か、答えを言える？

よし！ 僕に答えさせて。Why質問にはBecauseで始めるんだったね。soの前に理由があるから、答えはBecause some students have to practice very hard.だ！

おしい！ 質問がWhy do some students feel …?だから、答えるときは主語のsome studentsを代名詞にするのよ。

代名詞ということは、Because they have to practice very hard.ということ？

そう！ 何問も解いていると、黙読からこのNo. 1までの流れのコツがつかめるので、がんばりましょ！

面接

🔊 36 音声で質問と解答例を聞き、解答例を何度も音読しましょう。

No. 1 According to the passage, why do some students feel tired by the time they get home?

— Because they have to practice very hard.

Let's TRY

ポイント2　How質問→答えはby doing soの前にあり

How質問のパターンもやってみるわよ。次の文を20秒間黙読してから音読してね。思い出して。はっきり読む語、抑揚、区切りを意識するのよ。

> ***Bicycle Sharing***
>
> These days, there are different sharing services. For example, for a small fee, people can use bicycles parked at certain spots. This is a good service for people who don't use a bike very often. Some people pick up a bike at the station to get home, and by doing so they can save money.

音読ができたら、音声でQuestionを聞きましょう。

🔊 **37**

No. 1　According to the passage, how can some people save money?

「パッセージによると、一部の人々はどのようにしてお金を節約できますか」

最後の文にby doing soがあったわ！　そして質問のsave moneyがその後の語句と一致した。

分かった！　by doing soの前に答えがあるんだよね。主語を代名詞にして、と。答えはThey pick up a bike at the station to get home.だ！

おしい！　Howで「どのようにして」と聞かれているから、方法・手段を答えるのよ。そのためには、By -ing ...で答えるの。

そうか…。じゃあ、By picking up a bike at the station to get home.「帰宅するために駅で自転車を借りることによって」ということかな？

正解！　by doing so「そうすることで」の他、in this way「このようにして」などの表現もあるけど、これもHow質問パターン。By -ing ... で方法・手段を答えたらいいよ。

訳　**自転車シェアリング**

最近、さまざまなシェアリングのサービスがある。たとえば、少しの料金で人々は特定の場所に駐輪されている自転車を使用できる。これは、自転車をあまり頻繁に使わない人にとってよいサービスだ。家に帰るために駅で自転車を借りる人もいて、そうすることによって、彼らはお金を節約できる。

38

英文のモデル音声を聞きましょう。はっきり読む語、抑揚、区切りなどに注意して、何度も音読練習をしましょう。

39　音声で質問と解答例を聞き、解答例を何度も音読しましょう。

No. 1　According to the passage, how can some people save money?

—By picking up a bike at the station to get home.

No.1のポイント

❶パッセージに**so**がある　⇒　Why質問

✔ Because SVで答える

✔ 主語は代名詞（itまたはthey）にする

❷パッセージに**by doing so / in this way**がある　⇒　How質問

✔ By -ing ...で答える

✔ 主語は不要

「イラスト問題」(No.2,3) の傾向・対策

Q：No. 2はどんな問題？

A：問題カードのパッセージの下にはA、Bの2枚のイラストがあります。No. 2はイラストAに関する問題です。イラストには、部屋の中、学校、町中、お祭りなど、さまざまな場面で5人がそれぞれ異なることをしています（6人の場合もありますが、説明する動作は5つです）。

面接委員に、

Now, please look at the people in Picture A. They are doing different things. Tell me as much as you can about what they are doing.

「では、イラストAの人たちを見てください。彼らはいろいろなことをしています。彼らがしていることについてできるだけたくさん話してください」

のように質問されますので、それぞれの人物が何をしているところかを英語で描写します。

Q：No. 3はどんな問題？

A：No. 3はイラストBに関する問題です。イラストには、1～2人の人物が描かれていて、人物から吹き出しが出ています。

Now, look at the man in Picture B. Please describe the situation.

「では、イラストBの男性を見てください。状況を説明してください」

のように質問されますので、接続詞などを使って1文で「状況」を説明します。この問題は、吹き出しがポイントです。

Q：人物の動作はどうやって表現すればいい？

A：イラストに描かれている状況は現在形で表しましょう。人物がしている動作は、現在進行形〈人＋is [are] -ing ～.〉で表します。

No. 2　イラストAに関する質問

パッセージに関する問題（No. 1）が終わったら、イラストAを見るよ。こんな感じで、5人が描かれているの。

5人の動作を順に現在進行形で表せばいいの？

そう、でも質問は「できるだけたくさん」だから、全員説明できなくても焦らないで。表現しやすいと思った人物から説明すればいいのよ。描かれている人物は大人または子供。大人ならA man [woman] is ...、子供ならA boy [girl] is ...で始めるの。

ふむふむ。1人ずつ話すからbe動詞はisって決まっているんじゃない？　動詞を-ing形にするのを忘れないようにしないとねぇ。

ただ、6人いる場合もあって、そのうち2人が一緒に何かをしていることがあるの。そのときは、主語は複数でbe動詞はare、つまりTwo men are shaking hands.「2人の男性が握手をしています」のようになるの。覚えておいて。

Let's TRY

ポイント 〈人＋is＋-ing〉で表そう

さあ、早いもの順よ！　簡単そうな人物から描写してみて。

はい！　一番簡単なのを見つけた。僕に①を言わせて。A boy drinking water. だね。

あらあら。先生にはisが聞こえなかったわよ。現在進行形をはっきりと伝えようね。〈人＋is＋-ing〉の形でもう一度言ってごらん。

エヘへ。A boy is drinking water.「男の子が水を飲んでいます」だね。でもこの「水飲み器」？　英語ではなんて言うの？

それは言わなくて大丈夫。基本的に、〈人＋is＋-ing＋目的語.〉の形でいいのよ。次は？

言ってもいいかな。②は自信があるんだ。A man is pushing a cart.「男性がカートを押しています」だよね。③は「水をやる」っていう動詞が分からない……。

waterには「～に水をやる」という動詞としての意味があるの。A woman is watering some flowers.「女性(じょせい)が花に水をやっています」が正解ね。④は分かるかしら？

A girl is picking a cap.かな？

おしい！　pickは1語だと「(花) を摘(つ)む」とか「～を選ぶ」という意味なの。「～を拾い上げる」はpick upと言うのよ。A girl is picking up a cap.「女の子が帽子(ぼうし)を拾っています」ね。最後の⑤は？

はい、私の番！　A woman is putting balls into the basket.「女性がボールをカゴに入れています」

いいね！　put A into Bで「AをBの中に入れる」という意味。put A on Bだと「AをBの上に置く」ということ。このintoやin、とかonは短い語だけど、意味が全然違(ちが)うから、はっきりと言おうね。あと、この場合カゴから出しているところを考えたらA woman is taking balls out of the basket.でもいいよ。

◆よくあるNG例◆

× A boy drinks water.　⇒動詞の形が不適(ふてき)　○is drinking
× A boy drinking water.　⇒isが抜(ぬ)けている　○is drinking
× Boy is drinking water.　⇒主語にAが必要　○A boy
× A woman is putting into balls the basket.　⇒intoの位置が不適
× A woman is putting the basket (A) into balls (B).
　⇒AとBが逆(ぎゃく)　○ A woman is putting balls into the basket.

40　音声で解答例を聞き、何度も音読しましょう。

①A boy is drinking water. / ②A man is pushing a cart.
③A woman is watering some flowers. / ④A girl is picking up a cap.
⑤A woman is putting balls into the basket.

No. 2でよく出る人物の動作

No. 2でよく出る表現を覚えましょう。目的語は絵に応じて入れ替えて使えます。No. 2では現在進行形で話すので、動詞はすべて-ingにしています。
[網掛け]の単語はカタカナ発音と異なるので要注意です。

41　音声を聞いて音読しましょう。

〈動詞のみ〉

□swimming　泳いでいる　　□running　走っている

〈動詞＋目的語〉

□carrying a chair　いすを運んでいる
□choosing a shirt　シャツを選んでいる
□cleaning the table　テーブルをきれいにしている
□closing the curtains　カーテンを閉めている
⇔opening the curtains　カーテンを開けている
□cutting a carrot　人参を切っている
□drawing a picture　（鉛筆やクレヨンで）絵を描いている
□eating spaghetti　スパゲッティを食べている
□feeding a dog　犬にえさをやっている
□drinking water　水を飲んでいる
□mopping the floor　（モップで）床を拭いている
□planting some flowers　花を植えている
□pushing a cart　カートを押している
⇔pulling a cart　カートを引いている
□riding a bike　自転車に乗っている
□taking a picture　写真を撮っている
□using a computer　コンピュータを使っている
□watering some flowers　花に水をやっている
□washing the dishes　皿を洗っている

□wiping his glasses　眼鏡を拭いている

□wrapping a box　箱を包んでいる

〈句動詞〉

□getting into a car　車に乗り込んでいる

⇔getting out of a car　車から降りている

□getting on a train［bus］　電車［バス］に乗っている

⇔getting off a train［bus］　電車［バス］を降りている

□looking at a map　地図を見ている

□running after a dog　犬を追いかけている

□picking up a cap　帽子を拾っている

□putting on a jacket　上着を着ている　＊着ている動作はwearingではない

⇔taking off a jacket　上着を脱いでいる

□throwing away trash　ゴミを捨てている

□waiting for an elevator　エレベーターを待っている

〈動詞＋A＋前置詞＋B〉

□putting A into a bag　Aをバッグの中に入れている

□putting A on the table　Aをテーブルの上に置いている

□taking A from the shelf　棚からAを取っている

□taking A out of a bag　Aをバッグから取り出している

□pouring A into a cup　Aをカップに注いでいる

〈その他〉

□talking on the phone　電話で話している

□writing something on A　Aに何かを書いている

〈2人の動作〉

□playing catch　キャッチボールをしている

□shaking hands　握手をしている

□waving to each other　互いに手を振っている

No. 3　イラストBに関する質問

No. 3はイラストBを見て答えるよ。イラストはこんな感じよ。

イラストAにこんな吹き出しはなかったよねぇ。

そう。イラストBは「状況を説明する」問題で、この吹き出しから判断するの。吹き出しに×があるパターンと、ないパターンがあるのよ。

❶吹き出しに×があるパターン
⇒「彼［彼女］ができないこと」と「その理由」を説明する

❷吹き出しに×がないパターン
⇒「状況」と、「人物が考えていること」や「これからすること」を説明する

なるほど。上のイラストは「吹き出しに×がある」パターンだね。「女性ができないこと」と「その理由」を説明したらいいのかな？

そう！　No. 3の英文はある程度決まった型で表現できるから、それを覚えておけばだいたい大丈夫よ。順に説明するわね。

Let's TRY

ポイント1 吹き出しに×があるパターン

まずは、日本語でこの女性の状況を考えてみて。

僕、この経験あるなぁ。カギがなくて家に入れないんだよ。

そう。面接ではイラストをパッと見て一瞬で判断しなければいけないの。じゃあ、「彼女はカギがないので、家に入れません」を1文で表すとどうなるかしら？　can'tとbecauseを使ってみて。

She **can't** get into her house **because** she doesn't have the key.

GOOD！　S can't ～ because ...「…なのでSは～できない」の型を覚えておこう。他にも言い方があるの。「したいこと」と「できない理由」をS wants to ～, but ...「Sは～したいが、…」で表す方法よ。

> She **wants** to get into her house, **but** she **can't** find the key.
> 「彼女は家に入りたいのですが、カギが見つかりません」

🔊 **42**　音声で解答例を聞き、何度も音読しましょう。

She can't get into her house because she doesn't have the key.

She wants to get into her house, but she can't find the key.

Let's TRY

ポイント2 吹き出しに×がないパターン

「吹き出しに×がない」パターンだね。「状況」と「人物が考えていること」を1文で説明すればいい？　でも「状況」って？

「状況」とは、吹き出しの外の様子のこと。ここでは、ペンキのはげた古い柵に着目ね。そして、吹き出しには「男性の考え」、つまり「柵にペンキを塗る」様子が描かれているわよね。これを、1文で表すの。「柵が古いので、彼は柵にペンキを塗ろうと考えています」という文、言えるかしら？　soとbe thinking of *do*ingを使ってみて。

The fence is old, so he's thinking of painting it. かな？

完璧よ！「柵にペンキを塗る」はpaint the fenceだけど、itに置き換えられたね。あと、吹き出しの中の「考え」は「これからすること」と捉えると、be going to *do*で表すこともできるのよ。

The fence is old, so he's going to paint it. 「柵が古いので、彼はそれにペンキを塗ろうとしています」

🔊 **43**　音声で解答例を聞き、何度も音読しましょう。

The fence is old, so he's thinking of painting it.

The fence is old, so he's going to paint it.

No. 3でよく使う表現

❶吹き出しに×があるパターン

S can't ～ because ... 「…なので、Sは～できません」≒ ..., so S can't ～

S wants to ～, but ... 「Sは～したいのですが、…」

❷吹き出しに×がないパターン

～, so S is thinking of *do*ing 「～なので、Sは…することを考えています」

～, so S is going to *do* 「～なので、Sは…しようとしています」

「できない理由」を表すのに、ネガティブな内容を表すtoo「あまりにも～、～すぎる」をよく使います。次の例を見てみましょう。

She can't open the door because she has too much to carry.

「荷物が多すぎるので、彼女はドアが開けられません」

He wants to see the singer, but there are too many people [it's very crowded] .

「彼は歌手を見たいのですが、人が多すぎます［とても混み合っています］」

🔊 **44** 音声で上の2つの解答例を聞き、何度も音読しましょう。

ここまで、吹き出しに×があるパターンとないパターン、その解答の定型表現を説明してきましたが、英検の問題は傾向が少しずつ変わったり、時々変化球が飛んできたりします。ここでは、ちょっと違った問題が出ても対応できる柔軟性を持ってほしいという意味も込めて、2問紹介します。

🔈 **45**　次のイラスト⑴を見て、音声で質問を聞き、答えましょう。

⑴

B

🔈 **46**　同様にして、音声でイラスト⑵の質問を聞き、答えましょう。

⑵

B

＜質問と解答例＞

(1)

🔊 47 **Now, look at the man in Picture B. Please describe the situation.**

🔊 48 解答例 He can't buy a drink because he left his wallet at home.

訳 「では、イラストBの男性を見てください。状況を説明してください」
— 「彼は家に財布を置き忘れたので、飲み物が買えません」

✎このイラストの場合、吹き出しには「できない理由」が描かれていますが、×印がありません。男性の様子から、財布を置き忘れたから飲み物が買えないのだと判断します。

(2)

🔊 49 **Now, look at the girl and her father in Picture B. Please describe the situation.**

🔊 50 解答例 She is watching TV, but he's telling her to study.

訳 「では、イラストBの女の子と父親を見てください。状況を説明してください」
— 「彼女はテレビを見ていますが、彼は彼女に勉強するように言っています」

✎このイラストには2人描かれています。吹き出しには「父親の考え」が表されていますが、これを解答例では〈tell＋O＋to *do*〉「Oに～するように言う」で表しています。父親が女の子にしてほしいことと判断して、he wants her to study「彼は彼女に勉強してもらいたいと思っています」と表すこともできます。

なお、人物が2人のときは、Now, look at the girl and her father in Picture B.やNow, look at the girl and the boy in Picture B.のように質問されますが、男女1人ずつについてなので、答えるときは代名詞のhe / sheを使います。

🔊 51 音声で解答例を聞き、何度も音読しましょう。

「意見などを述べる問題」(No.4, 5)の傾向・対策

Q：No. 4はどんなふうに始まるの？

A： No. 3が終わると、面接委員が、

Now, Mr. / Ms. ---, please turn over the card and put it down.

「さて、…さん、カードを裏返して置いてください」

のように指示をしますので、カードを裏返してNo. 4の質問を待ちます。ここからはカードを見ずに答えるので、面接委員と目線を合わせ、積極的にコミュニケーションを取りましょう。

Q：No. 4と5の問題はどう違うの？

A： No. 4と5は「受験者自身の意見など」を問う問題とされていますが、実際、準2級ではNo. 4と5の傾向・対策はかなり違います。

No. 4　Do you think children should have P.E. class every day?

「子供は毎日体育の授業があるべきだと思いますか」

No. 4では、上記のように、〈Do you think＋トピック?〉「～だと思いますか」の形で、「トピック」についてどう思うか、客観的な視点で「あなたの意見」を述べます。

解答は以下の2通りの流れで進みます。

〈Yesと答えた場合〉＝トピックに賛成

⇒Why?と聞かれる　⇒　賛成の理由を2文程度で答える

〈Noと答えた場合〉＝トピックに反対

⇒Why not?と聞かれる　⇒　反対の理由を2文程度で答える

理由を述べるときは、質問で聞かれたトピックは繰り返さずに、理由だけを端的に2文程度で答えます。主語はI「私」ではなく、Children are ...「子供は…」のようにします。

一方、No. 5はあなた自身の日常や習慣などについて答える問題です。

No. 5　These days, many people buy things online. Do you often do online shopping?

「最近、多くの人がオンラインで物を買います。あなたはよくオンラインショッピングをしますか」

このように、最近の傾向や一般的な傾向を述べた後、「あなたは～しますか」と聞かれますので、あなた自身の日常の行動や習慣を述べます。

解答は以下の2通りの流れで進みます。

〈Yesと答えた場合〉

⇒**Please tell me more.**と言われる　⇒　詳しく、2文程度で説明する

〈Noと答えた場合〉

⇒**Why not?**と聞かれる　⇒　理由を2文程度で答える

No. 4と違って、「私は～します」と答える場合がほとんどなので、主語はI「私」になります。説明・理由を述べるときは、No. 4と同様、2文が適当な長さです。

No. 4　意見を述べる問題

さて、ここからはカードを見ずに面接委員と対話をするわよ。対話と言ったのは、「質問を聞いて答える」と言えばなんだか機械的な作業だけど、試験では「積極的にコミュニケーションを図ろうとする意欲や態度」も見られるんだったわよね。だから、ちゃんと面接委員とアイコンタクトを取って、積極的な姿勢を見せるのよ。

ああ、僕、苦手…。カードを見ているときはマシだけど、対話は緊張するんだ。人の目が見られないようなシャイな人にとって、スピーキングテストってすごく不利だと思うんだよねぇ。先生には分からないと思う、この気持ち。

そんなことないわよ！　何を隠そう、私は大勢の人の前で話すのが苦手なの。

嘘でしょう⁉

ほんと。でも、教えるのが好きだから、少人数クラスのこの学園がすごく合っているの。

へー。そうなんだ～。

この先、知らない人と話したり意見を述べたりする機会は山ほどあるはずよ。「面接のときだけは別の人」になりきってはどうかしら。面接委員は二度と会わない人。だから、「英語の人」になった気分で話してみればいいのよ。あとは自信があるかどうか、それに尽きるわね。自信をもつには、音読をがんばりましょう！

先生も完璧な人間じゃないと分かって、少し気が楽になったよ…。それでもNo. 4は僕にはハードルが高い。

大丈夫。まずは、問題形式を知ること。それが一番大事よ。そして、ある程度決まった型を覚えて、それに当てはめていくの。解答の流れを復習するわよ。

質問の形　Do you think＋トピック?

〈Yesと答えた場合〉＝トピックに賛成

⇒Why?と聞かれる　⇒　賛成の理由を2文程度で答える

〈Noと答えた場合〉＝トピックに反対

⇒Why not?と聞かれる　⇒　反対の理由を2文程度で答える

日本語で考えるわよ。ハナ、あなたは、英語の勉強は大事だと思う?

思うわ。

じゃあ、Yesの立場ね。Why?　理由を日本語で教えて。

英語が使えると可能性が広がるわ。ネットとか、英語の情報のほうが日本語より圧倒的に多いでしょ。それに、ニュースだけでなく、映画とか本とかも、日本語に訳されるのを待っている時間が惜しい。

さすが、優等生らしい理由だねぇ。僕は海外旅行とか外国の友達を作りたいしか理由が思いつかなかったよ…。ふだんから日本語でもいろいろ自分の意見を持たないといけない、ってことだねぇ。

Let's TRY

No. 4の問題を音声で聞きましょう。

52

No. 4 Do you think children should have P.E. class every day?

まずは、この質問内容を理解することが大事。音声を聞いて意味は分かった？

「子供は毎日体育の授業があるべきだと思いますか」だよね。だから、毎日体育の授業があるほうがいいと思うならYes、思わないならNoと答えるんだね。

その通り！ ゴン太、あなたの意見はどっちかしら？

僕？ うーん、僕は小学生のとき、体育が苦手だった…。でも最近の子供は運動が足りないと言うし、身体を動かすチャンスは学校で毎日あったほうがいいと思う。だから、Yesにする。

いいね！ Yesと答えたら、Why?と聞かれるから、理由を言うのよ。今言ったこと、英語で表現できるかしら？

無理、無理 !!

分かった。じゃあ、「最近の子供は運動する機会が十分にない」を英語で表してみよう。

よし、それならがんばる。Children don't have enough chances to exercise. かな？

いいじゃない！　自信持って！「最近の子供は～」だから、Children these days don't ... と言えたらもっといいよ。できればもう1文加えたい。学校で運動したらどんなメリットがあると思う？

う～ん。子供だよね…。運動したら夜ぐっすり眠(ねむ)れるとか？

いいんじゃない？「日中に運動することで夜よく眠れる」を英語で表してみて。

ちょっと難(むずか)しいな。ハナ、代わりにお願いしてもいい？

えっ、私？　えーっと、主語は「子供」だよね。They can sleep well at night by exercising during the day. じゃないかな？

いいね！　あと、2文目は違(ちが)う理由でもいいの。たとえば、Alsoを続けて別の理由を言ってもいいのよ。

Children these days don't have enough chances to exercise. Also, P.E. classes can make them feel refreshed.

「子供は運動する機会が十分にありません。また、体育の授業は彼(かれ)らをスッキリした気分にします」

✎make O C「OをCにする」のような無生物主語の文が使えると評価(ひょうか)が高くなります。「無生物主語」の文については179ページを復習(ふくしゅう)しておきましょう。

音声で質問と解答例を聞き、解答例を何度も音読しましょう。

🔊 **53**

No. 4　Do you think children should have P.E. class every day?

— Yes. — **Why?**

— Children these days don't have enough chances to exercise. They can sleep well at night by exercising during the day.

— Yes. — **Why?**

— Children these days don't have enough chances to exercise. Also, P.E. classes can make them feel refreshed.

別の問題を解いてみましょう。まず、音声で質問を聞き、YesまたはNoで答えてください。

🔊 **54**

No. 4　Do you think towns and cities should have more convenience stores?

「町や市にもっと多くのコンビニがあるべきだと思いますか」

Yes / Noを答えたら、その理由を2文で話しましょう。

理由が答えられたら、音声で解答例を確認しましょう。そして、何度も音読しましょう。

🔊 **55**

— Yes. — **Why?** 「はい。—なぜですか」

—Convenience stores are good for busy people. Most of them are usually open 24 hours a day.

「コンビニは忙しい人々にとってよいです。多くは24時間営業しています」

— No. — **Why not?** 「いいえ。—なぜですか」

—There are already many convenience stores in towns and cities. There should be more hospitals and parks.

「町や市にはすでに多くのコンビニがあります。病院や公園を増やすべきです」

No. 4の定型表現

◆No.4で問われやすい質問をまとめておきます。〈Do you think＋トピック?〉の形が典型で、以下のような質問がされます。

・「あなたは、Sは〜すべきだと思いますか」
・「あなたは、Sが〜するのはよいことだと思いますか」

Sにはpeople、students、childrenなどが入ります。日本に限定したトピックなら主語はchildren in Japanのように、最近の話に限定したトピックなら、children these daysのようになります。

◆質問に対し、Yes / No の立場を示し、理由を2文程度で答えます。理由の部分は次の2通りを覚えておくとよいでしょう。

❶理由1＋理由2
⇒理由を2つ述べる場合、2文目をAlso「また」で始めましょう。
❷理由＋補足説明
⇒理由を1つ述べた後、補足説明をするパターンです。具体例を挙げる場合、2文目をFor example「たとえば」で始めると分かりやすいです。

◆次に、意見や理由を述べるときに便利な定型表現を覚えましょう。以下の表現はライティングでも使えるので、「書く」「話す」の両方で練習しておきましょう。No. 5は少し傾向が違うものの、No. 5でも使える表現がたくさんあります。

□should　〜すべきだ
□need　〜が必要だ
□be good for 〜　〜にとってよい
□already　すでに（その状態にある）
□It's 〜 (for A) to ...　（Aにとって）…することは〜だ
□be getting [becoming] ＋比較級　〜になりつつある

□more and more＋名詞　～がますます増えている

□〈make＋O＋形容詞〉　Oを～にする

□some　一部の　　□many　多くの　　□most　ほとんどの

□today　今日では、今日の

□these days　最近では、最近の

□A because B　Bだから、A

□A, so B　Aだから、B

□by -ing　～することで

〈物事の利点やポジティブな内容で使える定型表現〉

□can　～できる

□can save　～を節約できる

□can learn about　～について学べる

□be useful（for A）（Aにとって）便利だ、役に立つ

□be convenient　便利だ

□be popular　人気がある

□be the best way to *do*　～する最善の方法だ

□enjoy -ing　～するのを楽しむ

□don't have to worry about　～について心配する必要がない

□〈help＋O＋動詞の原形〉　Oが～するのを助ける、Oが～するのに役に立つ

〈物事の欠点やネガティブな内容で使える定型表現〉

□can't　～できない

□can't afford to *do*　～する余裕がない

□don't have enough time［money］to *do*　～する時間［お金］が十分にない

□don't ～ very much　あまり～しない

□There are［is］not many［much］～　～があまりない

□It costs ～ to *do*　…するのに～（費用）がかかる

□too　あまりに～、～すぎる

No. 5　自分のことを述べる問題

最後の問題、あとひと踏ん張りよ！　No. 5は自分自身について自由に答えたらいいの。だから、もしかするとNo. 4よりも答えやすいかもしれないわ。3級の面接のNo. 5と同じ問題形式なの。

そうなの？　よかった～。客観的な視点で「僕は～だと思う」と自分の意見を述べるのではなくて、「僕は～です」と言うだけだね？

そう。でも、3級のNo. 5からはレベルアップしているから気をつけて。たとえば、質問が少し長いの。しっかりと聞き取って理解しないと、適切な応答ができないわよ。質問はこんな感じよ。

These days, many people buy things online.　⇒最近の傾向など
Do you often do online shopping?　⇒Do you ～?などの質問

そして、解答の流れはこうよ。

〈Yesと答えた場合〉
⇒Please tell me more.と言われる　⇒　もう少し詳しく説明する

〈Noと答えた場合〉
Why not?と聞かれる　⇒　理由を答える

僕はリスニングが苦手だから、「質問の意味が分からないかも…」というプレッシャーのほうが強いな。

大丈夫！　パターンは決まっているから、何問も聞いて解いていくうちにきっと慣れるわ。万が一質問が聞き取れなかったら、聞き返しましょう。

面接

Let's TRY

No. 5の問題を音声で聞きましょう。

56

No. 5　These days, many people buy things online. Do you often do online shopping?

デジタル社会系のトピックよ。No. 5は、1文目でトピックが話されるのだけど、重要なのは2文目のほう。このDo you ...?に対しての答えを言うことになるからね。意味は分かったかしら？

「最近、多くの人がオンラインで物を買います。あなたはよくオンラインショッピングをしますか」という意味だね。1文目の「オンラインで物を買う」と2文目の「オンラインショッピングをする」は同じことだね。

そうね。ショーはどう？　オンラインショッピングをよくする？

まあ、決済（けっさい）は親がするとしても、ネットでよく本とか服を買うね。あと、コンサートのチケットとか？

Yesの立場ね。面接委員がPlease tell me more.と言うから、もう少し詳（くわ）しく説明しないといけない。主語をＩにして言えるかしら？

I often buy books and clothes online.「ネットでよく、本や服を買います」でどう？

いいよ！　No. 4と同様、できればもう1文加えたい。どうして店に行かずにネットで買うかを言えるかしら？

う～ん、うちは田舎だからね。There are not many shops near my house, so it's faster to buy things online.「家の近くに店があまりないので、ネットで物を買うほうが速いです」、でどう？

すごいじゃない！　269～270ページのThere are not many ～と、A, so B.と、It's ～ to ...の3つも使えているじゃない！

やった！　一生懸命覚えたからね。でも、ほんと、僕にはNo. 4より、自分のことを答えるNo. 5のほうが簡単だ。No. 4でうまく答えられなくても、気を取り直して、最後まで諦めちゃいけないね。

57　音声で質問と解答例を聞き、解答例を何度も音読しましょう。

No. 5　These days, many people buy things online. Do you often do online shopping?

— Yes. — **Please tell me more.**

— I often buy books and clothes online. There are not many shops near my house, so it's faster to buy things online.

Noの立場の解答例も見てみましょう。Noの場合、「オンラインショッピングをあまりしない」理由を答えます。たとえば、以下の例のように、「ネットではなく店で買うほうがいい」という観点で説明することができます。For exampleの使い方も確認しましょう。

— No. — **Why not?**「いいえ—なぜですか」

— I prefer to go shopping at shops. For example, I can touch or smell items I'm interested in.

「私は店に買い物しに行くほうが好きです。たとえば、興味のある品物を触ったり、においったりできます」

面接

練習しよう！

本番形式で面接の問題を解きましょう。
58～63で読まれる指示や質問にそって答えましょう。

問題カード

Police Boxes

There are police boxes around Japan. A police box is typically a one-story building and one or two police officers are there. Police officers work 24 hours a day in turns, and by doing so they are ready to solve problems in the neighborhood. They even help solve troubles about noise and pets.

A

B

Questions

58 指示文

59 No. 1

60 No. 2

61 No. 3

62 No. 4

(Yes か No で答え、理由を説明しましょう。
Yes → Why? ／ No → Why not?)

63 No. 5

(Yes か No で答え、説明を続けましょう。
Yes → Please tell me more. ／ No → Why not?)

面接

*英文のモデル音声と No. 1〜5 の解答例は次のページです。

解答・解説

まず最初に、着席から問題カードの英文音読、質問までの流れを音声と一緒に確認しましょう。実際の試験と異なる場合がありますが、流れはおよそ以下の通りです。

64 Let's start the test now. Here is your card.

「では、テストを始めます。カードをどうぞ」

To begin with, read the passage silently. You have 20 seconds.

「最初に、パッセージを黙読してください。20秒あります」⇒黙読（20秒）

All right. Now I want you to read it aloud.

「はい。では、声に出して読んでください」⇒音読（約30秒）

面接は問題カードのパッセージの音読で始まります。モデル音声を聞いてみましょう。モデル音声の1語1語の発音や抑揚が確認できたら、何度も音読しましょう。

65

Police Boxes

①There are police boxes around Japan. ②A police box is typically a one-story building and one or two police officers are there. ③Police officers work 24 hours a day in turns, and by doing so they are ready to solve problems in the neighborhood. ④They even help solve troubles about noise and pets.

訳

交番

日本全国に交番がある。交番は通常、1階建ての建物で、中に1～2人の警官がいる。警官は交代で24時間勤務しており、そうすることで近辺の問題を解決する準備ができている。彼らは騒音やペットのトラブルでさえ解決の手助けをする。

音読を自己評価しよう

□相手に聞こえるように大きな声で読めた。
□はっきり強めに読む語を意識して読めた。
□抑揚をつけて読めた。
□意味のまとまりごとに区切ることができた。

問題カードのパッセージの音読が終わると、次のような形で質問が始まります。

66 Thank you. I am now going to ask you five questions. OK. Questions.
「ありがとうございました。では、これからあなたに5つの質問をします。いいですね。質問です」

5つの質問の訳と解答例

No. 1はパッセージに関する質問です。質問と解答例を確認しましょう。

67 No. 1
According to the passage, how are police officers ready to solve problems in the neighborhood?
「パッセージによると、警官はどのようにして近所の問題を解決する準備ができているのですか」

68 **解答例** By working 24 hours a day in turns.
「交代で24時間勤務することによって」

解説 パッセージの黙読・音読の際に、by doing soに着目しておきたい。How質問なので、By -ing ～. で答えよう。質問と同じready to solve problems in the neighborhoodを含むのは第3文で、答えはその前のPolice officers work 24 hours a day in turnsの部分にある。主語のPolice officersは言わずに、By working ... と答えること。

No. 2はイラストAに関する質問です。質問と解答例を確認しましょう。

69 No. 2

Now, please look at the people in Picture A. They are doing different things. Tell me as much as you can about what they are doing.

「では、イラストAの人たちを見てください。彼らはいろいろなことをしています。彼らがしていることについてできるだけたくさん話してください」

70 解答例 A woman is riding a bike.「女性が自転車に乗っています」

解説 自転車に乗ってこいでいる動作はriding a bike。「自転車」はbicycleでもよい。

解答例 A man is cleaning [wiping] the window.
「男性が窓をきれいにしています［拭いています］」

解説 イラスト描写で掃除をしている動作はよく出る。cleanは汚れている物を「きれいにする」という意味で、全般的に使える動詞。その他、雑巾などで拭く動作はwiping、モップで床を拭く動作はmoppingで表すことができる。

解答例 A man is talking on the phone.「男性が電話で話しています」

解説 「電話で話す」はtalk on the phoneと言う。onもはっきりと発音しよう。

解答例 A girl is looking at a map.「女の子が地図を見ています」

解説 「～を見る」はいろいろな動詞があるが、地図のような動かないものを見る場合はふつう、look atを使う。seeは自然に目に入る意味を表し、進行形にもならないので、イラスト描写の問題では不適。

解答例 A boy is getting into a car.
「男の子が車に乗り込んでいるところです」

解説 車などに乗り込んでいるところの様子はgetting into a carと表す。

車から降りている様子のgetting out of a carとセットで覚えておくとよい。ただし、電車・バスの場合はget on a train［bus］/ get off a train［bus］なので注意しよう。

No. 3はイラストBに関する質問です。質問と解答例を確認しましょう。

71 No. 3
Now, look at the boy in Picture B. Please describe the situation.
「では、イラストBの男の子を見てください。状況を説明してください」

72 解答例 He wants to get a book, but he can't reach it.
「彼は本を取りたいのですが、手が届きません」

73 別解 He wants to take a book from the shelf, but he can't reach it.
「彼は棚から本を取りたいのですが、手が届きません」
He can't get a book because it's too high.
「高すぎるので、彼は本が取れません」

解説 イラストを見て、本が棚の高いところにあるため、男の子が取れないという状況はすぐに分かるだろう。ポイントは知っている英語でうまく表現できるかどうか。物に手が届かない様子はreachという動詞が最適だが、これを知らなくても、get「～を手に取る」や、take A from the shelf「棚からAを取る」でも表せる。また、別解のbecause it's too highのように「（棚が）高すぎるから」のように、becauseで「できない理由」を表してもよい。

No. 4は面接官からの質問に対して、自分の意見を述べます。質問と解答例を確認しましょう。

74 Now, Mr. / Ms. ---, please turn over the card and put it down.
「さて、…さん、カードを裏返して置いてください」

75 No. 4
Do you think it is a good idea to keep animals as pets?
「ペットとして動物を飼うことはよい考えだと思いますか」

76 解答例 Yes. ⇒ Why?「はい→なぜですか」

Pets can be a good friend or family member. People don't feel lonely by having a pet.

「ペットはよい友達もしくは家族の一員になれます。人々はペットがいると寂しく感じません」

解説 Yesと答えたら、ペットを飼う利点を説明するとよい。解答例では、1文目で「よい友達もしくは家族の一員になれる」と説明し、2文目でその補足をしている。

77 解答例 No. ⇒ Why not?「いいえ→なぜですか」

Some people don't take good care of their pets. Also, it's not good for big animals to live in a small place.

「ペットを十分に世話しない人もいます。また、大きな動物にとって狭い場所で暮らすのはよくありません」

解説 Noと答えたら、ペット飼育への反対意見を述べるとよい。解答例は、Alsoを用いて、理由を2つ述べている。It's (not) ～ for A to *do*「Aにとって…することは～だ」の使い方を確認しておこう。

No. 5は面接官からの質問に対して、自分自身のことを述べます。質問と解答例を確認しましょう。

78 No. 5

Today, there are many large shopping malls around Japan. Do you often go to these places?

「今日では、日本全国に大型ショッピングモールがあります。あなたはこういった場所によく行きますか」

79 解答例 Yes. ⇒ Please tell me more.「はい→もっと話してください」

I often go to a shopping mall to see a movie. Also, it's a convenient place because there are many shops and restaurants.

「私は映画を見によくショッピングモールへ行きます。また、店やレストランがたくさんあるので、便利な場所です」

解説　問題の2文目のthese placesは「大型ショッピングモール」のこと。このように、1文目の内容を聞き逃すと答えられない場合もあるので注意しよう。Yesと答えたら、ふだん、「いつ」「誰と」「何をしに」ショッピングモールに行くのかを説明するとよい。解答例は、「映画を見るために」と目的を伝えた後、Alsoを使って「(映画館だけでなく) 店やレストランもある」とショッピングモールの利点を話している。A because B「Bなので、A」の使い方も確認しておこう。

80　解答例　No. ⇒ Why not?「いいえ→なぜですか」

I don't like crowded places very much. I prefer to stay at home and read books.

「私は混んでいる場所はあまり好きではありません。家にいて読書をするほうが好きです」

解説　Noと答えたら、ショッピングモールの欠点や、行かない理由を説明する。解答例は、1文目で「混んでいる場所が好きではない」という理由を述べている。don't ～ very much「あまり～しない」はネガティブな内容を表すときに便利な表現である。2文目のpreferは二者を比較する表現で、ここでは「ショッピングモールに行くよりも家にいるほうがいい」という意味になっている。

音読練習

81　No.1～5の解答例を、音声を利用して、何度も音読しましょう。

これですべての学習は終わりです。ここまで読み終えた人は、しっかりと自分を褒めてあげて。準2級が無事受かったら、2級に挑戦しましょう！

合格

［著者紹介］

入江　泉

大阪府出身。1997年に小・中学参業界の編集者としてキャリアを始め，2005年に独立。以降，中学・高校の学校英語や各種検定試験の対策，英文法，リスニング・スピーキングなど幅広い教材の執筆・校正者として活動。英検においては各級の過去問の解説や対策教材の執筆を多く手がけている。また，5年間のニュージーランド生活を生かし，特に初級英語での実用的な英語にこだわる。2021年よりデンマーク在住。

著書に『1日1枚！ 英検2級 問題プリント』(同シリーズの5級，4級，3級，準2級，2級)，『教えて！ゆな先生の質問英会話』(以上，スリーエーネットワーク)，『最短合格！ 英検2級リーディング＆リスニング問題完全制覇』(ジャパンタイムズ出版)，『スコアが上がるTOEIC L&R テスト本番模試600問 改訂版』『SW の王道 スピーキング・ライティング王道フレーズ50』(以上，旺文社)など多数。

装幀・本文デザイン：山田 武

イラスト：タニグチコウイチ

編集協力：Joel Rian，石川道子

ナレーター：Josh Keller, Katie Adler

音源制作：株式会社 巧芸創作

きほんから学ぶ！ 英検®準2級 合格ハンドブック

2021年3月31日　初版第1刷発行

著　者：入江泉

発行者：藤嵜政子

発行所：株式会社 スリーエーネットワーク

〒102-0083

東京都千代田区麹町3丁目4番 トラスティ麹町ビル 2F

電話：03-5275-2722［営業］

03-5275-2726［編集］

https://www.3anet.co.jp/

印刷・製本：日経印刷株式会社

ISBN 978-4-88319-868-9　C0082

合格前の最後の１冊に！

１日１枚！ 英検® 準２級 問題プリント

好評発売中

入江泉 著

1,300円＋税

133ページ

B5判　CD１枚付

ISBN:978-4-88319-806-1

- 1日1枚で29日完成！
- 小学生から使える！
  - ⇒ 切り取れるから授業のプリント感覚
  - ⇒ ヨコ型で書き込みやすい
- 英作文・面接にも対応！

１日１枚、毎日小さな達成感を得ながら、最後に大きな達成感（合格）を得られる英検®準２級対策の問題プリントです。

やさしい問題から徐々に本番に慣れていくステップバイステップ形式で、24日間で完成させる「トレーニング」とミニテスト5日分の「挑戦（トライ）してみよう！」の二部構成。一冊全てを29日で完成できます。

解答解説は赤ペン先生のような、パッと見てすぐにわかるレイアウトで、合格できるためのポイントをシンプルに解説しています。無理なく学習ができるので、中学生や大人はもちろん、小学生にもおすすめです。

文法のまとめ＆重要な単語・熟語・表現リスト付き。

１日１枚！ 英検® 問題プリント　シリーズ

（1,300円＋税）

（1,100円＋税）

（1,000円＋税）

（1,000円＋税）

試験前の仕上げに
ピッタリ！